Polizei- und Selbstverwaltung

insbesondere im Rahmen des

Bayerischen Gemeinderechts

von

Dr. Anton Reus,

rechtsk. 1. Bürgermeister, Deggendorf.

1929

München, Berlin und Leipzig

J. Schweitzer Verlag (Arthur Sellier).

Druck von Dr. F. P. Datterer & Cie., Freising-München.

In dankbarer Erinnerung

Herrn verstorbenen Univ.-Prof. DDr. Karl Rieker

gewidmet.

Inhaltsübersicht.

I.	Polizei. Polizeirecht. Geschichtliche Entwicklung	1
II.	Entwicklung des städtischen Gemeinwesens	10
III.	Das Problem der Selbstverwaltung	26
IV.	Rechtsquellen der Polizeiverwaltung	45
V.	Zuständigkeiten auf dem Gebiete der Polizeiverwaltung. Allgemeines	54
VI.	Begriff und Umfang der Polizeiverwaltung	59
VII.	Ortspolizei. Bezirkspolizei. Staatliche Polizei. Kriminelle Polizei	64
VIII.	Verwaltungs- und Rechtskontrolle	82
IX.	Polizeiliche Zwangsmittel	92
X.	Kosten der Polizeiverwaltung	100

Literaturnachweis. Abkürzungen.

Anschütz, Deutsches Staatsrecht, 7. Auflage.
— Art. „Polizei“ im Handwörterbuch für Kommunalwissenschaften, Bd. III, Jena 1924.
— Art. „Verwaltungsgerichtsbarkeit“ im Handwörterbuch der Kommunalwissenschaften, Bd. IV, Jena 1924.
ArchÖffR. = Archiv des öffentlichen Rechts, herausgegeben von Laband, Otto Mayer und Piloty, Freiburg seit 1886.
AB. I = Ausschußberatung, erste Lesung, Verhandlungen des Bayer. Landtags 1926/27, Beilagen = Bd. V.
AB. II = Ausschußberatungen, zweite Lesung, Verhandlungen des Bayer. Landtags 1926/27, Beilagen = Bd. VII.
ABest. = Ausführungsbestimmungen.
AG. = Ausführungsgesetz.
Allh. Vdg. = Allerhöchste Verordnung.
AV. = Ausführungsverordnung.
C. Bachem, Art. „Gemeinde“ in Staatslexikon, Bd. V, Freiburg in Br. 1897.
— Art. „Gemeindeordnung“ in Staatslexikon, Bd. V, Freiburg in Br. 1897.
Braunwart-Stössel = Fr. Braunwart u. Th. Stössel, Die neue bayerische Gemeindegesetzgebung. München 1920.
BayGemVZ. = Bayer. Gemeinde- und Verwaltungszeitung, herausgegeben von Ziegler.
BayVerwBl. = Bayer. Verwaltungsblätter, herausgegeben von Kollmann.
BezO. = Bezirksordnung.
BGB. = Bürgerliches Gesetzbuch.
BlfaPr. = Blätter für administrative Praxis, von Brater, dann Luthardt, dann Seydel u. Krazeisen, von E. v. Krazeisen.
Begr. = Begründung des Entwurfs der Gemeindeordnung (Verhandlungen des Bayer. Landtags 1925/26, Beilagen = Bd. III S. 250 ff.).
Dollacker = E. Dollacker, Leitfaden des bayerischen Rechts, München 1924.
Döllinger = Georg Döllinger, Sammlung der im Gebiete der inneren Staatsverwaltung des Königreichs Bayern bestehenden Verordnungen. 20 Bände. München 1835/39. Fortsetzung von Freiherrn von Strauß, 13 Bände. München 1853/54.
EG. = Einführungsgesetz.
Fleiner Institutionen = Fleiner Fritz, Institutionen des Deutschen Verwaltungsrechtes, 3. Auflage. Tübingen 1913.
FAG. = Finanzausgleichsgesetz.
GBl. = Gesetzblatt.
GVBl. = Gesetz- und Verordnungsblatt.
GVG. = Gerichtsverfassungsgesetz.
GO. = Gemeindeordnung.
Hedemann = Justus Wilh. Hedemann, Art. „Einführung in die Rechtswissenschaft“ in Hedemann „Grundrisse der Rechtswissenschaft“, Bd. 9, 2. Auflage, Berlin und Leipzig 1927.
Helmreich-Rock = Karl Helmreich u. Kurt Rock. Handausgabe der Bayer. Gemeindeordnung, 6. Auflage, Ansbach 1928.
Henle, Handbuch = Julius von Henle, Handbuch der inneren Verwaltung für Bayern rechts des Rheins. München.
Holzendorff-Kohler, Enzyklopädie der Rechtswissenschaft, 7. der Neubearbeitung 2. Auflage, Bd. 4. 1914.
Handwörterbuch der Kommunalwissenschaften. Herausgegeben von Josef Brix, Hugo Lindemann, Otto Most, Hugo Preuß, Albert Südekum, 4 Bände, Jena 1918—1924. (Näheres siehe unter Anschütz, Preuß, Weiß.)

Handbuch der kommunalen Verfassung, Verwaltungsrecht in Preußen, Bd. II, 1. Jahrg. 1916.
Jellinek Walter, Gesetz, Gesetzesanwendung und Zweckmäßigkeitserwägung. Tübingen 1913.
JahrbVerwR. = Jahrbuch des Verwaltungsrechts. Bearbeitet und herausgegeben von Stier-Somlo, 1907 bis 1914 in 8 Jahrgängen. (Erscheint nicht weiter.)
Kahr = Gustav von Kahr, Bayerische Gemeindeordnung für die Landesteile diesseits des Rheins. 2 Bände. München 1896 und 1898.
H. Kneuer, Kurzes Handbuch des Bayer. Verwaltungsrechts. A. Allgemeiner Teil (Sammlung C. Schäffer). Leipzig 1928.
Kohler = Josef Kohler, Einführung in die Rechtswissenschaft, 5. Auflage. Leipzig 1919.
Kratzer = Jakob Kratzer, Die Verfassungsurkunde des Freistaats Bayern. München, Berlin und Leipzig 1925.
KrO. = Kreisordnung.
Laforet = W. Laforet, H. von Jan, M. Schadenfroh, Die Bayer. Gemeinde-, Bezirks- und Kreisordnung. München 1928.
Laband = P. Laband, Deutsches Reichsstaatsrecht, 6. Auflage, Bd. I.
Loening = Loening, Lehrbuch des Deutschen Verwaltungsrechts, 1884.
Otto Mayer = Deutsches Verwaltungsrecht von Otto Mayer, Bd. 1, 2 Aufl. München und Leipzig 1914.
G. Meyer, Lehrbuch des Deutschen Staatsrechts, 3. Aufl.
— Deutsches Staatsrecht, 7. Aufl. Teil 2.
Menzinger, Art. „Staats- und Selbstverwaltung" in Staatslexikon, Bd. V, Freiburg in Br. 1897.
MBek. = Ministerialbekanntmachung.
MABl. = Amtsblatt des K. Hauses und des Äußern und des Innern, nunmehr Ministerialamtsblatt der bayerischen inneren Verwaltung.
ME. = Ministerialentschließung.
Nawiasky = Hans Nawiasky, Bayer. Verfassungsrecht. München, Berlin und Leipzig 1923.
Neukamp = Neukamp, Begriffe der Selbstverwaltung im Arch. öffentl. R. Bd. 4.
OberstLGSt. = Sammlung von Entscheidungen des Bayer. Obersten Landesgerichtes in Strafsachen.
ObersttLGZ. = Sammlung von Entscheidungen des Bayer. Obersten Landesgerichtes in Zivilsachen.
Piloty-Schneider = Robert Piloty und Franz Schneider, Grundriß des Verwaltungsrechts in Bayern und dem Deutschen Reiche. Leipzig 1921.
Pausch = M. Pausch, Handbuch für den bayer. Polizei- und Sicherheitsdienst. Regensburg 1926.
Preuß = Hugo Preuß, Art. „Selbstverwaltung" im Handwörterbuch der Kommunalwissenschaften, Bd. III. Jena 1924.
— = Hugo Preuß, Art. „Gemeinde" im Handwörterbuch der Kommunalwissenschaften, Bd. II. Jena 1922.
— Die kommunale Selbstverwaltung in Deutschland (Handbuch der Politik, Bd. I, 1912).
Politisches Handwörterbuch, Bd. 2. Leipzig 1923.
PStGB. = Polizeistrafgesetzbuch.
RegEntw. = Regierungsentwurf.
RV. = Reichsverfassung.
RG. = Entscheidung des Reichsgerichts.
RStPO. = Reichsstrafprozeßordnung.
RStGB. = Reichsstrafgesetzbuch.
RBl. = Regierungsblatt.
RGBl. = Reichsgesetzblatt.
RGSt. = Entscheidung des Reichsgerichts in Strafsachen.
RGZ. = Entscheidung des Reichsgerichts in Zivilsachen.

Reger = Reger, Entscheidungen der Gerichte und der Verwaltungsbehörden.
Reiner = H. Reiner, Die Studienmappe. Heft 1: Grundbegriff des Rechts, 1. Teil. München 1928.
Rösch = M. Rösch, Bayer. Ges. über die Selbstverwaltung, 2. Aufl. München, Berlin und Leipzig 1920.
Rosin, Das Polizeiverordnungsrecht in Preußen.
— Souveränität, Staat, Gemeinde, Selbstverwaltung 1883.
Siegel, Deutsche Rechtsgeschichte, 3. Aufl. 1895.
Seydel-Graßmann = Max von Seydel, Bayerisches Staatsrecht. 2. Band: Die Staatsverwaltung. Von Josef von Graßmann. Tübingen 1913.
Seydel-Piloty = Max von Seydel, Bayerisches Staatsrecht. 1. Band: Die Staatsverfassung. Von Robert Piloty. Tübingen 1913.
Stenger, Der Finanzausgleich zwischen Reich, Bayern, und den bayerischen Gemeinden, Bezirken und Kreisen, Ausg. München 1928.
Staatslexikon = Staatslexikon, herausgegeben im Auftrage der Görresgesell-gesellschaft, 5 Bände. Freiburg in Br. 1889—1897.
Schoen = Schoen in von Holtzendorffs Enzyklop. der Rechtswissenschaften, 7. der Neubearbeitung 2. Auflage, Bd. IV, Ausg. 1914.
— Das Recht der Kommunalverbände in Preußen. 1897.
L. von Stein, Art. „Selbstverwaltung" u. a. in Stengel, Handwörterbuch des Deutschen Verwaltungsrechts, Bd. 2. Freiburg 1890.
Stier-Somlo = Handwörterbuch der Rechtswissenschaft, herausgegeben von Stier-Somlo u. Ester; Art. „Polizei-, Polizeirecht" in Bd. IV, Berlin u. Leipzig 1927. Art. „Gemeinde, Gemeindeverbände in Bd. II, Berlin u. Leipzig 1927.
Soergel = Jahrbuch der Rechtsprechung zum Verwaltungsrecht, herausgegeben von Soergel.
StenBer. = Stenographische Berichte über die Verhandlungen des Bayerischen Landtags 1926/27, Bd. VII.
SG. = Selbstverwaltungsgesetz.
StPO. = Strafprozeßordnung.
StGB. = Strafgesetzbuch.
StA. = Staatsanzeiger.
Vogel = Friedrich Vogel, Lehrbuch der Deutschen Geschichte des Mittelalters, Bamberg 1894.
V. = Verordnung.
VA. = Vollzugsanweisung.
VG. = Vollzugsgesetz.
VU. = Verfassungsurkunde.
VV. = Vollzugsvorschrift.
VGH. 1 usw. = Sammlung von Entscheidungen des Bayer. Verwaltungsgerichtshofes, Bd. 1 usw.
Weber 1 usw. = Karl Weber, Gesetz- und Verordnungssammlung für das Königreich Bayern Bd. 1 usw.
Weber-Sutner = Karl Weber u. August von Sutner, Bayerische Gemeindeordnung für die Landesteile diess. des Rheins, 10. Aufl. München 1913.
Weiß-Weiß, Art. „Polizeibetrieb" im Handwörterbuch der Kommunalwissenschaften, Bd. III, Jena 1924.
Woerner = Otto Woerner, Kommentar zur Bayerischen Gemeindeordnung, München 1928.
Winter = H. Winter, Lehrbuch der Deutschen und Bayerischen Geschichte, Bd. 1, München 1897.
Wolzendorff = K. Wolzendorff, Die Grenzen der Polizeigewalt, 2 Teile, Marburg 1905/06.
ZivS. = Zivilsachen.
ZPO. = Zivilprozeßordnung.

I. Polizei. Polizeirecht.

Geschichtliche Entwicklung.

Der heutige Begriff „Polizei" hat sich in einem jahrhundertelangen Entwicklungsprozeß im Wege fortschreitender Verengung geschichtlich entwickelt und kann daher auch nur geschichtlich erfaßt werden. (Schoen S. 204, Hedemann S. 318, Anschütz S. 455.) Das Wort „Polizei" ist aus dem französischen police und aus dessen Ursprungsworte, dem lateinischen politia, griechisch πολιτεία, entstanden. Es bedeutet bei Aristoteles bald Staat, bald Staatseinrichtungen, bald Staatsverfassung, endlich Regierungskunst. (Stier-Somlo S. 519.) Die lateinische politia hatte die Bedeutung von Verfassung des Staates oder Staat.

In deutschen Landen begann die Polizei mit den Kapitularien Karl des Großen, in denen sie mit Regierungsmaßregel gleichgesetzt wird. (Stier-Somlo S. 519.) Im ganzen Mittelalter verstand man unter politia die Verfassung von Staat und Stadt. Eine der ältesten deutschen Fundstellen des Ausdrucks ist eine Nürnberger Verordnung von 1492 (Loening, VerwR. 5), welche eine strafrechtliche Vorschrift mit den Worten einleitet: „Zu Beständigkeit guter Polizey ist verboten . . .", eine Wendung, die augenscheinlich dem französischen Sprachgebrauch entlehnt ist. (Anschütz S. 555.)

Um die Wende des 14. und im Anfange des 15. Jahrhunderts verbindet man in Frankreich mit den Worten Policia, police, policité die Bedeutung der von der Obrigkeit herzustellenden Ordnung, Wohlfahrt und öffentlichen Sicherheit. Auch verstand man unter dem Worte vielfach die gute Ordnung des Staatswesens. In diesem Sinne wurde der Begriff am Ende des 15. Jahrhunderts, und zwar zunächst in Verordnungen der städtischen und staatlichen Obrigkeiten, nach Deutschland übernommen. Im 16. Jahrhundert sind Reich und Einzelstaaten dabei, durch zahlreiche Vorschriften der verschiedensten Art eine größere Sicherheit und Ordnung im Lande, eine Verbesserung der Sitten, Einschränkungen des Luxus und Hebung des Wohlstandes einzuführen. Man greift nach dem Worte Polizei. In seiner Unbestimmtheit gab es die erwünschte Formel zur Erweiterung des staatlichen Aufgabenkreises. (Stier-Somlo S. 519.) Alle Tätigkeit der Obrigkeit im Inneren des Landes, auch die Rechtssetzung und die Justiz, die ganze Regierung fällt damals noch unter den Begriff „Polizei". Während der mittelalterliche Staat sich im wesentlichen darauf beschränkte, den Rechtsfrieden aufrecht zu erhalten, verschaffte das ius politiae die Möglichkeit, auch für die „gemeine Wohlfahrt" tätig zu sein. (Stier-Somlo

S. 519.) Polizeiverordnungen heißen daher die zahlreichen von den Stadtobrigkeiten, von den Landesherrn und der Reichsregierung im 16. und 17. Jahrhundert erlassenen Ordnungen, welche in buntem Durcheinander privatrechtliche Normen, unter Strafsanktion gestellte Gebote und Verbote und Anordnungen zur Hebung des Volkswohlstandes enthielten. (Schoen S. 204.)

Der Reichsabschied von Worms 1495 legte den Grund zu einer gesicherten Rechtsordnung in Deutschland, indem er für das Reich den „ewigen Landfrieden" schuf. Der Reichsabschied bewegte sich auf dem Gebiete der höheren Sicherheitspolizei, daneben ist aber eine ziemlich ausgedehnte gesetzgeberische Tätigkeit im Bereiche der übrigen Polizei und Verwaltung zu verzeichnen. (Seydel-Piloty S. 13.) Das Reich erließ 1530 auf dem Reichstage zu Augsburg seine erste Reichspolizeiordnung. („Römischer kayserlicher Majestät Ordnung und Reformation guter Polizey im Heiligen Römischen Reich, zu Augspurg Anno 1530 auffgericht.") (Seydel-Piloty S. 14 Anm. 18.) Sie enthielt mannigfaltige Bestimmungen über einzelne Vergehen, über die öffentliche Sittlichkeit, über die Höhe (oder das Verbot) der Zinsen, über das Vormundschaftswesen, Vorschriften über das Konkurs- und das Prozeßverfahren usw. Durch sie erfolgte eine Zusammenfassung des Reichspolizeirechts in den §§ 98 und 99. In den Jahren 1548 und 1577 erneuert und erweitert, war sie das Vorbild für zahlreiche Polizeigesetze und Polizeiverordnungen, die im 16. und 17. Jahrhundert in einzelnen Ländern erlassen wurden.

Zur Ausbildung einer einheitlichen Verwaltungsgesetzgebung konnte es nicht kommen, da hier dem Reiche zwei wesentliche Vorbedingungen fehlten: Die Gleichartigkeit der Verhältnisse in den einzelnen Reichsländern, vor allem aber eine wirksame Vollzugsgewalt.

In Bayern erfolgte die erste umfassende Kodifikation des Landrechtes und Stadtrechtes im Jahre 1336 unter Kaiser Ludwig dem Bayern. Im größten Teile Oberbayerns standen die Gesetzbücher Ludwigs des Bayern, das Landrecht und das Stadtrecht, in Kraft. Die Gesetzgebung Ludwigs enthält außer zivil-, straf- und prozeßrechtlichen Vorschriften auch in sehr ausgedehntem Maße verwaltungs- und polizeirechtliche Bestimmungen. Sie betreffen vor allem das Gemeinderecht und das Gewerbewesen, dann Bau-, Feuer- und Straßenpolizei, Sicherheitspolizei, Gesundheitspolizei und Feldpolizei. In Niederbayern gelangten Kaiser Ludwigs Rechtsbücher nicht zur Geltung. Niederbayern erhielt erst unterm 6. November 1474 unter Herzog Ludwig dem Reichen eine Landesordnung. (Rechts-, Gerichts- und Landespolizeiordnung.) Eine neue und umfassendere Landesordnung, in welche jene von 1474 mit einigen wenigen Änderungen wörtlich aufgenommen ist, erließ Ludwig des Reichen Sohn, Georg der Reiche, nach Vereinbarung mit den Ständen am 15. August 1501. Sie erstreckte sich, ähnlich wie die Gesetzgebung Kaiser Ludwigs, auf Zivil- und Strafrecht, Prozeß, Verwaltung und Polizei.

Die Landesordnung von 1516 beschränkte sich in der Hauptsache auf die Polizei im damaligen Sinne. 1553 wurde eine neue Landesordnung, welche durch die Reichspolizeiordnungen wesentlich beeinflußt und in sechs Bücher geteilt war, erlassen. Der Titel lautet: „Baierische Landtsordnung 1553. In diesem Buch bayrischer Landhsordnung seind begriffen die gmainen Landpot, Satzung und Gepreuch des Fürstenthumbs Obern und Nidern Bayern, die dieselben Reformirt, gebössert, unnd im Fünffzehenhundert dreyundfünffzigisten Jar seind publicirt worden. Getruckt in unser Stat Ingoldtstat MDLIII." Besonders erwähnt sei noch — der partikularistischen Sondergesetzgebung im einzelnen können wir nicht folgen — das vom 16. September 1616 datierte neue Gesetzbuch mit dem Titel: „Landrecht, Policey, Gerichts-, Malefitz- und andere Ordnungen der Fürstenthumben Obern und Nidern Bayrn." Das Gesetzbuch ist in neun Teile geliedert, nämlich summarischer Prozeß, Gantprozeß, Gerichtsordnung, Landrecht, Erklärung der Landsfreiheit, Lands- und Polizeiordnung, Forstordnung, Gejaidsordnung, Malefitzprozeßordnung. Es umfaßt fast das gesamte weltliche, bürgerliche und öffentliche Recht des Staates. Nur das Strafrecht ist lediglich durch einzelne Bestimmungen vertreten, während im übrigen auf Kaiser Karls peinliche Gerichtsordnung verwiesen wird. Die großen Gesetzbücher unter Maximilian III. Joseph, mit welchem der Name des Kanzlers Frhr. v. Kreittmayr verknüpft ist (Codex iuris Bavarici criminalis (1751); Codex iuris Bavarici iudiciarii (1753); Codex Bavaricus civilis (1756), ließen das Staats- und Verwaltungsrecht außer Betracht. Eine Zusammenfassung des letzteren war durch den Umstand ausgeschlossen, daß die bezüglichen Verhältnisse zu sehr im Flusse sich befanden, um ein anderes Verfahren als das der Einzelreform zu gestatten. Dementsprechend sah man auch die „Polizei" mehr als einen Gegenstand der verwaltenden als der gesetzgebenden Tätigkeit an. (Seydel-Piloty S. 21.)

Die zerstreuten Befugnisse der Landesherrn finden im Polizeirechte eine erwünschte Abrundung. So wird der Polizeistaat mit dem absoluten Staate identisch. Ohne feste Abgrenzung umfaßte man unter Polizei die gesamte Obrigkeit des Reiches, des Territoriums, der Städte zusammen. In Gebieten, wo infolge der Reformation der Landesherr als oberster Bischof auch die kirchliche Verwaltung zu leiten hatte, kam ihm auch zu „die Erhaltung der christlichen Religion und der guten Polizei". (Loening, Lehrbuch des deutschen Verwaltungsrechts, 1884, § 2.)

Gegen Ende des 17. Jahrhunderts waren die Landesherrn bemüht, die Landesverwaltung der rechtlichen Kontrolle der Gerichte zu entziehen und deren Zuständigkeit auf privatrechtliche Streitigkeiten zu beschränken. Der Grundsatz, daß es „in Polizeisachen keine Appellation gebe", bedeutet, daß gegen Verfügungen und Entscheidungen des Landesherrn und seiner Behörden in Verwaltungssachen eine Klage bei den landesherrlichen Gerichten nicht zulässig sein soll. So wurden den Justizsachen die Polizeisachen gegenübergestellt. Aus diesen wurden Strafrecht, Privatrecht und gerichtliches Verfahren ausgeschaltet. Später folgten noch die Militärverwaltung, die Finanzverwaltung und im Anschluß an die Reformation die Kirchen- und Schulverwaltung. Ganz in diesem Sinne verbietet eine Vf. König Friedrich Wilhelm I. von Preußen von 1713 den Gerichten, sich einzumischen in den Gang der „politica, militaria und des status oeconomicus". Polizei in den Augen dieser Zeit war also gleichbedeutend mit dem, was wir heute „innere Verwaltung" nennen: Der Inbegriff aller Staatstätigkeiten, welche sich auf die Hebung der Kultur des Landes und der Wohlfahrt des Volkes beziehen, — aller hierauf gerichteter Tätigkeiten, ohne Unterscheidung der administrativen von den gesetzgeberischen, eine Unterscheidung, welche jener Zeit noch fremd war. (Anschütz S. 456.)

Rechtlich und theoretisch verengt, bedeutete Polizei im 18. Jahrhundert faktisch und praktisch aber ungleich mehr als hundert Jahre vorher. Bestand auch, z. B. in Bayern, ein geordneter Instanzenzug von Landgerichten, so war die Kabinettjustiz noch keineswegs ausgeschlossen. Der Landesherr konnte vielmehr gemäß der erklärten Landesfreiheit einen zivil- und strafrechtlichen Handel aus „beweglichen Ursachen" vom ordentlichen Richter ab und an sich und seine Räte ziehen. (Seydel-Piloty S. 7.) Die Polizei weitete sich zu jener „wohlmeinenden, aber schrankenlosen und willkürlichen Gewalt" aus, welche die Späterlebenden das Wort „Polizeistaat" hat finden lassen. Seine Machthaber erlaubten sich unter dem Titel der Polizei ohne rechtliche Beschränkung alles (Prinzip von der schrankenlosen Freiheit der verwaltenden Tätigkeit zur zwangsweisen Beglückung der Untertanen [der „beschränkte Untertanenverstand"]), — Staatslexikon V S. 513, — durften alles fordern und zwangsweise durchsetzen, was nach ihrem Gutdünken das gemeine Wohl, der öffentliche Nutzen verlangte.

Gegen diese Schrankenlosigkeit der Polizei wendete sich in der zweiten Hälfte des 18. Jahrhunderts die wissenschaftliche Opposition, die namentlich vom Boden der Naturrechte aus die Freiheit des Individuums verfocht, an der die Staatsallmacht eine natürliche Grenze finde. (Schoen S. 204.) Sie stützte sich auf die schon im 17. Jahrhundert (u. a. von Pufendorf) vertretene, gegen Ende des 18. Jahrhunderts zu hohem wissenschaftlichem Ansehen gelangte, am radikalsten in der Schrift des jungen Wilhelm Humboldt „Ideen zu einem Versuch, die Grenzen der Wirksamkeit des Staates zu bestimmen" (niedergeschrieben 1792, erst 1851 veröffentlicht) formulierte Theorie, wonach der Staat nur für den Rechtsschutz und die Sicherheit des Gemeinlebens zu sorgen habe und demgemäß — nach der Kantschen Formel — die Freiheit des einen nur so weit beschränken dürfe, als es die Rücksicht auf die Freiheit der anderen erfordert, jeder weiteren, auf Beförderung der „Privatglückseligkeit" und des allgemeinen Wohlstandes gerichteten Tätigkeit aber sich enthalten müsse. (Anschütz S. 457.) In dieser ihrer individualistischen Einseitigkeit ist die Lehre vom ausschließlichen Sicherheitszweck des Staates freilich nicht Rechtens geworden; als solche und im ganzen ist die Theorie geblieben. Aber die ihr innewohnende Forderung der Zurückführung aller Polizei auf den Begriff und Beruf der Sicherheitspflege ist im positiven Recht zur Anerkennung gelangt. (Anschütz ebenda.)

Aber auch eine andere Auffassung führte zur Klarlegung des Polizeibegriffs. Die Reichspolizeiordnungen und die auf Grund derselben erlassenen Landespolizeiordnungen, die fast ausschließlich Vorschriften mit Strafandrohung enthalten, hatten bewirkt, daß man im täglichen Leben mit dem Worte Polizei die Vorstellung eines von der Obrigkeit auszuübenden Zwanges verknüpft. Diesem Sprachgebrauch folgte zuerst Johann Stephan Pütter, der in seinen „Institutiones juris publici Germanici" die beiden Sätze formulierte (a. a. O. § 331): „Ea supremae potestatis pars, qua exercetur cura avertendi mala futura, dicitur ius politiae. Promovendae salutis cura proprie non est politiae." Also: Derjenige Teil der Staatsgewalt, durch den die Sorge für die Abwehr künftiger Übelstände ausgeübt wird, heißt die Polizeigewalt. Die Sorge für die Wohlfahrtsförderung gehört nicht eigentlich zur (soll heißen: zum eigenen, begriffsmäßigen Wirkungskreis der) Polizei. (Anschütz S. 457; Schoen S. 204 ff.) Nach ihm ist also Polizei diejenige Tätigkeit des Staates, die gerichtet ist auf die Vorbeugung künftiger Übel und Gefahren, verbunden mit Anwendung von Zwang. Zur Förderung des allgemeinen und individuellen Wohlstandes dürfe Zwang nicht ausgeübt werden, die Wohlfahrtspolizei (besser Wohlfahrtspflege) scheidet also aus dem Begriff Polizei aus. Hiemit erübrigt sich aber der Ausdruck Sicherheitspolizei mangels eines Gegensatzes. Pütter hat vorstehende Sätze als geltendes gemein-deutsches Recht, jus publicum Germanicum, vorgetragen. Die Autorität dieses berühmten Staatsrechtslehrers hat seiner Definition in der Literatur bald weite Verbreitung verschafft und auch der preußische Gesetzgeber hat sich an sie angelehnt, als es galt, im allgemeinen Landrechte von 1794 die Aufgaben der Polizei begrifflich zu bestimmen. Dieses geschah ALR. II, 17 § 10, der den Begriff und die Grenzen der Polizei mit den Worten umschreibt:

„Die nötigen Anstalten zur Erhaltung der öffentlichen Ruhe, Sicherheit und Ordnung und zur Abwendung der dem Publico oder einzelnen Mitgliedern desselben bevorstehenden Gefahr zu treffen, ist das Amt der Polizei."

Das ist für Preußen die noch heute, und zwar nicht nur im Gebiete des ALR., sondern im ganzen Staatsgebiete geltende Grundlage, der Fundamentalsatz des Polizeirechts. Ein Satz, dessen allgemeine geschichtliche Bedeutung nicht allein darin liegt, wie er den Begriff der Polizei und damit den Wirkungskreis der Polizeigewalt begrenzt, sondern auch darin, daß er überhaupt zum ersten Male Polizei und Polizeigewalt gesetzlich begrenzt. Die stärkste, der Freiheit des einzelnen gefährlichste Seite der Staatsgewalt, welche dem „Polizeistaat" den Namen gegeben hat, war damit im Prinzip aus einer gesetzlosen in eine gesetzmäßige Tätigkeit verwandelt, mitten im Polizeistaate ein Stück Rechtsstaat aufgerichtet. Durch die französische Revolution und ihre Folgen, in Preußen durch die Reform unter Stein und Hardenberg, wurde der individualistischen Anschauung weiterhin zum Ziele verholfen.

Fast gleichzeitig mit der preußischen, nämlich nur ein Jahr nach dem ALR., hat auch die französische Gesetzgebung den neuen Polizeibegriff aufgenommen. Der Code des délits et des peines von 1795 definiert: „**La police est institutée pour maintenir l'ordre public, la liberté, la propriéte, la sûréte individuelle.**" Dogmengeschichtlich betrachtet, steht das französische Gesetz von 1795 mit dem ALR. auf gemeinsamem Boden. Es erscheint nicht als Tochter-, sondern als Schwesterrecht des preußischen. Beide Legaldefinitionen wurzeln im Naturrecht ihrer Zeit, welches eine europäische Gedankenbewegung ist und, wie man aus diesem Beispiele sieht, auf das Staatswesen des aufgeklärten Absolutismus nicht minder seinen Einfluß geübt hat wie auf die Gesetzgebung der französischen Revolution. (Anschütz S. 458.)

In anderen deutschen Ländern, außerhalb Preußens, hat sich der Polizeibegriff nicht anders entwickelt als in Preußen und Frankreich, nur mit dem Unterschiede, daß diese Entwicklung in den meisten Ländern sich auf gewohnheitsrechtlicher Grundlage, als eine Entwicklung ungeschriebenen Rechts, vollzog. Legaldefinitionen des Polizeibegriffs, Kodifikationen desselben von der Art wie der § 10 II 17 des ALR. und der code des délits von 1795 sind in den deutschen Staaten selten. Als Beispiel sei genannt der mit jenen Kodifikationen des Polizeibegriffs sachlich übereinstimmende § 30 des badischen PolStGB. vom 31. Okt. 1863: „Neben den Bestimmungen des gegenwärtigen Gesetzbuchs bleibt den Polizeibehörden die Befugnis vorbehalten, auch unabhängig von der strafgerichtlichen Verfolgung rechts- und ordnungswidrige Zustände zu beseitigen und deren Entstehung oder Fortsetzung zu hindern." Meist beruht der Begriff der Polizei und seiner Beschränkungen auf ungeschriebenem, auf Gewohnheitsrecht (so in Bayern, Sachsen, Württemberg), einem Gewohnheitsrecht, welches von den Legaldefinitionen der preußischen, badischen, französischen Gesetzgebung inhaltlich nicht abweicht. Vgl. insbesondere: für Württemberg: v. Köhler im Archiv d. öff. R. 42, 208: „Nach der bisherigen Rechtsentwicklung ist der die Wohlfahrt befördernden Tätigkeit der inneren Verwaltung die Polizei als die auf die Abwehr von Gefahren gerichtete Tätigkeit gegenüberzustellen"; für Sachsen: Schanze in Fischers

Ztschr. für Praxis und Gesetzgebung 35 89ff., 36 7ff.; für Bayern Piloty-Schneider, Grundriß des Verwaltungsrechts (2. Aufl.) S. 106: „Polizei und Wohlfahrtspflege sind Gegensätze ..." (Anschütz S. 458.)

Das 19. Jahrhundert brachte so mit seiner Proklamation des Rechtsstaates die Polizei endgültig aus dem Bereiche der gedanklichen Unbeschränktheit in die heutigen verengten Grenzen und stellte, wie für die gesamte Verwaltung, so auch für das Sondergebiet der Polizei den Grundsatz der Gesetzmäßigkeit her. (Hedemann, Grundrisse der Rechtswissenschaft, Bd. 9, 2. Aufl. 1927 S. 318.)

In der Reaktionszeit nach den Freiheitskriegen hat der Polizeistaat eine unschöne Nachblüte erlebt. Die früheren großen Leitgedanken — Gedanke der Staatseinheit, der durch die straffe Zusammenfassung aller öffentlichen Gewalt in der Hand des Landesherrn über die ständische Zersplitterung hinausführte, dann der Gedanke des Wohlfahrtsstaates, der durch Förderung des allgemeinen Wohls das Volk auf eine höhere Stufe zu heben trachtet und in besonderem Maße das wirtschaftliche Leben in den Kreis seiner Tätigkeit zog — waren verloren: Die Staatseinheit war hergestellt, die Förderung der Wohlfahrt galt nicht mehr als Staatsaufgabe. Jetzt zeigte sich der Polizeistaat nur noch von seiner üblen Seite: Als Unterdrücker der Freiheit des Einzelnen, namentlich auf politischem Gebiete.

Demgegenüber war, wie wir gesehen haben, von der deutschen Rechtswissenschaft die Forderung des Rechtsstaates erhoben worden. Die Einführung der Verfassung, der Ausbau des Verwaltungsrechts, die Einsetzung der Verwaltungsgerichtsbarkeit sind Marksteine auf diesem Gebiete. Die Überwindung des Polizeistaates durch den Rechtsstaat ist eine Aufgabe, die auch heute noch nicht vollendet ist. (Politisches Handwörterbuch, 2. Bd., Leipzig 1923 S. 335; K. Wolzendorff, Die Grenzen der Polizeigewalt, 2 Teile, Marburg 1905/06; O. Meyer, Deutsches Verwaltungsrecht, Bd. 1 2. Aufl., München und Leipzig 1914.)

Je mehr der Staat verwaltend an sich zieht, desto weniger freier Bewegungsraum bleibt für die einzelnen übrig. Nie wird es gelingen, Übereinstimmung der Volksgenossen über das Maß des „Regierens" zu erzielen. Dem einen wird zu viel, dem anderen zu wenig verwaltet. Die drei letzten großen geschichtlichen Beispiele sind der Polizeistaat des 18. Jahrhunderts, der Liberalismus des 19. Jahrhunderts und die Kriegswirtschaft des 20. Jahrhunderts. Der Polizeistaat war der Typus des Zuviel, der Liberalismus der Typus des Zuwenig, die Kriegswirtschaft wieder ein Zuviel.

Im Polizeistaat war alles unter staatliche Bevormundung gestellt, wenigstens der Theorie nach. Dem gegenüber verkörpert der Liberalismus das andere Extrem: So wenig wie möglich von Staats wegen eingreifen; laisser faire, laisser aller. Aber das führte zu schweren Mißständen, vor allem im Arbeitsrecht (Frauen-

und Kinderausnutzung usw.). Deshalb kam es in der zweiten Hälfte des 19. Jahrhunderts zu einer rückläufigen Bewegung, die auch auf anderen Rechtsgebieten (Wucherbekämpfung im straf- und bürgerlichen Rechte) tätig wurde, vor allem aber das Verwaltungsrecht (Arbeiterschutz usw.) in Bewegung setzte.

Die sogen. Kriegswirtschaft, wie sie in Deutschland, aber auch bei den Feindstaaten und in den neutralen Ländern sich von 1914 an ausbildete und noch weit über den Friedensschluß nachwirkte, ist ein Beispiel fast völliger Aufsaugung des privaten Wirtschaftsverkehrs durch die staatliche Verwaltungsmaschinerie, obgleich durchaus der Rechtscharakter gewahrt, d. h. die sich mehr und mehr überstürzenden Maßregeln sämtlich in den Bahnen der Gesetzgebung eingeleitet wurden (Kriegsgesetzgebung, insbesondere Kriegsverordnungen). Zusammengenommen erschien in dieser Zeit die Idee des sogen. Staatssozialismus nahezu verwirklicht. (Hedemann S. 312.)

Ein selbständiger, von der übrigen Verwaltung getrennter Pol.Organismus besteht nirgends. Es wäre eine solche Trennung auch weder politisch noch verwaltungstechnisch zu rechtfertigen, denn die Polizei ist kein abgeschlossener, einheitlicher Verw.Zweig, sondern eine Seite der gesamten inneren Verwaltung, eine Funktion, welche alle Gebiete der inneren Verwaltung, bald vorherrschend, bald mehr zurücktretend, durchzieht. Immerhin gibt es in der unteren Instanz des Polizeiwesens selbständige, von der inneren Staats- und Kommunalverwaltung losgelöste Behörden, welche nur zur Verwaltung der (Orts-) Polizei in ihrem Bezirk bestimmt sind, so vor allem die in den größten Städten (besonders in Preußen und Baden) bestehenden staatlichen Ortspolizeibehörden. (Anschütz III S. 465.)

Ein übereinstimmender Grundzug der Polizeiorganisation in den deutschen Einzelstaaten ist, daß die Landespolizei, sowie die Aufsicht über die Verwaltung der Ortspolizei durchwegs als Angelegenheit der inneren Staats-, nicht der Selbstverwaltung behandelt und demgemäß von Staatsbehörden, nämlich von den Behörden der allgemeinen (inneren) Landesverwaltung ausgeübt wird, während die Ortspolizei regelmäßig in der Hand von Gemeindeorganen liegt. Während aber in Norddeutschland, insbesondere in Preußen, das Prinzip der Staatlichkeit aller Polizei vorherrscht, ist in Süddeutschland, insbesondere in Bayern, Württemberg und Baden das Prinzip der kommunalen Ortspolizei gegeben. Nach bayerischem Rechte ist die Handhabung der Ortspolizei (nach der herrschenden Ansicht) ein Recht der Gemeinde, das ihr — unbeschadet der Ausnahmebestimmung in Art. 52 GO. — nicht entzogen werden darf. (Helmreich-Rock S. 212.) Von der Ortspolizei ist zu unterscheiden die Bezirkspolizei, die in kreisunmittelbaren Gemeinden nach Art. 54 Abs. II—V diesen selbst, im übrigen aber dem Bezirksamte zukommt.

Ist auch für die Organisation der Polizeibehörden die Unterscheidung von Landespolizei und Ortspolizei von Bedeutung, so beruht doch die Verschiedenheit dieser beiden Arten von Polizei nicht auf der Verschiedenheit der Interessen, zu deren Schutze sie berufen sind (wie v. Rönne Bd. I S. 552; Rosin, Polizeiverordnungsrecht in Preußen, S. 100 und H. Schulze, Lehrb. d. deutschen Staatsrechts, Bd. I S. 623 annehmen — vgl. dagegen Loening S. 183), sondern auf dem räumlichen Umfange, innerhalb dessen die vertretenden Tätigkeiten ausgeübt werden. (G. Meyer in Stengel, Wörterbuch des Deutschen Verwaltungsrechts Bd. II, Freiburg 1890.)

Die Ortspolizeibehörden haben sich im Anschluß an die Gemeindeverfassung entwickelt. Die Städte besaßen schon während des Mittelalters eine ausgedehnte Regierungsgewalt und als Bestandteil derselben auch polizeiliche Befugnisse. Seit dem 16. Jahrhundert nahmen die Landesherren eine Aufsicht über die städtische Polizei in Anspruch und griffen durch ihre Kommissarien nicht selten in die Verwaltung derselben ein. Auf dem Lande war dagegen eine gutsherrliche Polizei entstanden. Bei Gelegenheit, der Neuorganisation der Gemeindeverfassung ist nunmehr auch die Ausübung der Ortspolizei geregelt worden. Insbesondere ist die gutsherrliche Polizei aufgehoben worden, in Bayern durch das Gesetz vom 4. Juni 1848 über die Aufhebung der standes- und gutsherrlichen Gerichtsbarkeit, dann die Aufhebung, Fixierung und Ablösung von Grundlasten. (Seydel-Piloty S. 362.) Verhältnismäßig lange erhielt sich die gutsherrliche Polizei in den östlichen Provinzen Preußens, wo ihre Beseiti- erst durch die KrO. vom 13. Dez. 1872 erfolgte. (G. Meyer a. a. O. S. 265.)

Über die weitere Entwicklung der gemeindlichen Ortspolizei geben die nachfolgenden Abhandlungen Aufschluß.

II. Entwicklung des städtischen Gemeinwesens.

Die ältesten schriftlichen Nachrichten über Land und Volk der Germanen vermitteln uns die Römer, namentlich Cäsar (um das Jahr 50 v. Chr.) in seinem „Gallischen Krieg" und Tacitus (um 100 n. Chr.) in seiner Schrift „Germania". Die deutsche Geschichte beginnt mit einem feindlichen Zusammenstoß zwischen Germanen und Römern (Cimbern und Teutonen, 113—101 v. Chr.) und bleibt von da an 6 Jahrhunderte unzertrennlich mit der Geschichte des Römerreiches verbunden. Cäsar hat die Rheingrenze geschaffen; mehr als drei Jahrhunderte wurde sie von den Römern gegen die Germanen behauptet. Zur Rheingrenze fügte Augustus die Donaugrenze. Im Jahre 15 eroberten seine beiden Stiefsöhne Drusus und Tiberius die Länder zwischen den Alpen und der oberen Donau und bildeten daraus die Provinzen Raetia (Tirol) mit Vindelicia (Schwäbisch-Bayerische Hochebene) und Noricum (Kärnten, Steiermark, Österreich). Zur Zeit von Christi Geburt hatten die Römer Elbe und Donau als Grenze gegen die Germanen erreicht. Rhein und Donau, die beiden natürlichen Grenzlinien, verbanden die Römer durch eine künstliche Grenzwehr, limes genannt. Der Rheinlimes wurde schon von Tiberius begonnen, der Donaulimes erst unter Hadrian vollendet. In Abständen von 8—16 km errichteten die Römer diesseits des Limes Kastelle, und zwischen je zwei Kastellen 10—15 Signal- oder Wachtürme (speculae, burgi). Die Besatzung dieser 5—7 m hohen Türme zählte nur 2—3 Mann, die Kastelle beherbergten je nach ihrer Größe und Bedeutung teils einzelne Kohorten, teils ganze Legionen. Unter Augustus stellten die Römer etwa 150000 Mann (fast Zweidrittel ihrer ganzen Streitmacht) am Rhein und an der Donau auf, unter Hadrian etwa 75000 Mann; später sank diese Zahl noch bedeutend herab. (Nach Dr. Friedrich Vogel, Lehrbuch der deutschen Geschichte, Das Mittelalter, Bamberg 1894.)

Da, wo römische Soldaten jahrhundertelang ihre festen Plätze hatten, entstanden nahezu überall **römische Städte auf deutschem Boden**. Nicht selten ließen sich die römischen Soldaten nach ihrer Verabschiedung mit Grundbesitz ausstatten und nahmen dann mit ihrer Familie dauernd ihren Aufenthalt in der Provinz. Den Legionen folgte ein Schwarm von Händlern und Händlerinnen. Befreundete Eingeborene ließen sich gerne in der schützenden Nähe des römischen Lagers nieder. So wachsen im deutschen Lande neben den wohlgebauten Kriegslagern Ansiedelungen mit bürgerlicher Einwohnerschaft heran. Die wichtigsten deutschen Städte, deren Ursprung auf die Römerzeit zurückgeht, sind im Rheingebiet: Colonia Agrippina (Köln, genannt nach der Tochter des Germanikus), Confluentes (Koblenz), Augusta Treverorum (Trier), Mogontiacum (Mainz), Argentoratum (Straßburg), Augusta Rauricorum (Basel und Augst). Im Donaugebiet: Augusta Vindelicorum (Augsburg), Regina Castra (Regensburg), Castra Batava (Passau), Juvavum (Salzburg), Vindobona (Wien). Die römischen Soldaten mußten nicht nur die großen Schanzarbeiten leisten, Straßen und Gebäude aufführen, wozu sie die Ziegel selber brannten; einsichtige Feldherren hielten ihre Soldaten auch dazu an, Kanäle zu graben, Sümpfe auszutrocknen und das Land zu kultivieren. Jenseits der Grenze bereiteten so die Römer eine beachtliche Erschließung des unter ihrer Herrschaft stehenden Gebietes vor.

Anders lagen die Verhältnisse im freien Germanien, auch Germania magna genannt. Doch auch hier blieb die Berührung mit dem Römer auf die weitere Entwicklung von Land und Volk nicht ohne Einfluß. In feste Grenzen eingezwängt, mußten die Germanen mehr und mehr ihrem Nomadenleben entsagen und zur besseren Bewirtschaftung ihres Landes übergehen. Der Ackerbau, die Grundlage jeder höheren Gesittung, wurde vorherrschend. Steinerne Häuser kannten die alten Deutschen nicht. Ihre mit Schilf oder Stroh gedeckten Holzhütten konnten sogar auf Wagen fortgeschafft werden. Daneben hatten sie nur Blockhäuser. Städte gab es nicht, selbst geschlossene Dörfer waren nicht beliebt. Die Wohnungen lagen vereinzelt oder zu kleinen Gruppen vereinigt, indem sich jeder da niederließ, wo ihn eine Quelle, ein Bach, eine Aue oder ein schützendes Baumdach zum Bleiben einlud. (Daher die vielen Ortsnamen, die mit Bronn, Brunn; Ach, Bach; Au, Wiese, Wang, Heide, Feld, Tal; sowie mit Baumnamen zusammengesetzt sind, z. B. Heilbronn, Urach, Ellwangen, Hohenlinden, Siebeneichen usw. Eine hervorragende Rolle spielte dabei der Wald, dem im Laufe der Jahrhunderte immer wieder urbares Land abgerungen wurde durch Schlagen, Reuten und Brennen; daher die Zusammensetzungen mit Wald, Holz, Lohe, Lach, Kreut, Ried, Schwand, Gschwand; z. B. Hesselohe, Perlach, Bernlohe.) Aus Einzelhöfen entwickelten sich Dörfer und Städte. Daher die Namen auf = hofen (kofen), = hausen, = heim (ham, kam); daher auch die Namen auf ing (Bayern), = ingen (Schwaben), = ungen (Thüringen), indem diese Endungen an den Namen des Hofbesitzers angehängt wurden, z. B. an Otto (Ötting), an Gieselher (Geiselhöring) usw. (Vogel S. 12 Anm. 1.)

Verfassung und Staatswesen der Germanen beruhten, ihrem Freiheitsdrange entsprechend, hauptsächlich auf einer Volksherrschaft der Freien, in Gemeinfreie und Edelinge geschieden. Die Edelinge (oder Adeligen) ragten durch größeren Besitz oder ererbtes Ansehen hervor, ohne deshalb die Geltung eines besonderen Standes zu genießen. Neben den Freien standen die Halbfreien (oder Hintersassen), die auf ihrer eigenen Scholle hausten, jedoch mit Zins und

Fron belastet waren. Unfreie Taglöhner und Sklaven bildeten den Stand der Leibeigenen. Die Unfreien schieden sich in Knechte (Schalke) und Freigelassene (Liten).

Aus der Vereinigung benachbarter Familien entstand eine Gemeinde, mehrere Gemeinden bildeten einen Gau. Zu einem Gesamtstaat haben es die Germanen, gleich den Griechen, nicht gebracht. Gemeinsame Angelegenheiten beriet und entschied die Volksversammlung auf einem Thing oder Dingtag, zu dem alle Freien an bestimmten Zeiten, bei Neumund oder bei Vollmond im Waffenschmuck zusammentraten.

An der Spitze der Gaue standen Fürsten oder Grafen; für den Krieg wurde der tapferste Held zum Heerführer oder Herzog erhoben. Könige gab es ursprünglich nicht oder nur bei einzelnen Stämmen. An Kriegen, die ein ganzer Stamm auszufechten hatte, nahm jeder freie Mann Anteil. Ein solches Aufgebot heißt der Heerbann. Um den Ärmeren nicht unerschwingliche Kosten aufzuerlegen und die Siedelung zu begünstigen, traf Karl der Große die Bestimmung, daß nur die Besitzer größerer Güter (von 4 Hufen) selbst zu Feld ziehen mußten, von den Besitzern kleinerer Güter sollten immer zwei bis vier einen Mann stellen.

Das Gerichtswesen der Germanen beruhte nicht auf Gesetzen, sondern auf Gewohnheit und Herkommen. Streitigkeiten wurden ursprünglich vor dem Volke auf der Ding oder Mahlstatt verhandelt; erst später wurde die Gerichtsbarkeit von eigenen Gaurichtern geübt. Auch hier traf Karl der Große, um den gemeinen Mann nicht allzuoft seiner Arbeit zu entziehen, die Bestimmung, daß nur dreimal im Jahre die ganze Gemeinde zusammengerufen werden dürfe; im übrigen genügten als Beisitzer im Gericht sieben Männer, Schöffen genannt. (Winter, Bd. I S. 7; Vogel S. 13, 40.)

Deutsche Städte sind, wie wir gesehen haben, zunächst auf römische Niederlassungen (Lagerplätzen, Kolonien, Handelsstationen) entstanden. Die Siedelungen an Furten oder Brücken oder überhaupt günstigen Handelslagen übten eine große wirtschaftliche Anziehungskraft aus. (Köln, Hamburg, Lübeck, Bremen.) Beispiele von zu Städten erweiterten Pfalzen bieten Aachen, Frankfurt, Ulm, Nürnberg. Ähnlich erweiterten sich auch die bischöflichen und fürstlichen Hofhaltungen. (Wien, Braunschweig.) Besonders führten strategische Gründe (Ungarneinfälle in der ersten Hälfte des zehnten Jahrhunderts) zur Befestigung öffentlicher Orte und damit zur Städtebildung. (Magdeburg, Merseburg.) König Heinrich I. (918 bis 936) legte im Sachsenlande eine Reihe fester Plätze und Burgen an, aus denen die späteren Städte Goslar, Quedlinburg, Nordhausen u. a. hervorgingen. Er ordnete an, daß von der Bevölkerung jeder neunte Mann zur Besatzung der Burgen herangezogen werde, wogegen die Landbewohner einen Teil ihres Feldertrages an jene abzuliefern hatten. Versammlungen und Märkte sollten künftighin nur in den befestigten Orten abgehalten werden. So wurden in dieselben auch Handel und Gewerbe gelenkt. (Winter 55.)

Über die Verfassung und die Funktionen der Gemeinden in ältester Zeit ist wenig bekannt. (Meyer S. 408.) Sicherlich sind sie historisch älter als der Staat, (Schoen S. 237) und haben sich ursprünglich vielfach unabhängig vom Staate gebildet. „Wie aus dem Dunkel", sagt Sohm, „treten uns plötzlich im 11. Jahrhundert deutsche Städte und deutsches Bürgertum entgegen. Schon die ältesten Zeugnisse städtischen Sonderrechts verweisen auf das fertige Recht anderer Städte, welches zum Vorbild für neue Marktgründungen dient. Für die Mutterorte deutschen städtischen Lebens wie Köln, Mainz, Worms, Konstanz, Straßburg, Regensburg liegt der Beginn des Stadtrechts gänzlich außerhalb unseres Gesichtskreises." (Preuß II S. 188.)

Das für die Entstehung der Städte bestimmende Moment war im germanischen Recht das Marktrecht. (Stier-Somlo S. 665.) Einen in der Verfassung begründeten Unterschied zwischen Stadt- und Landgemeinden gab es ursprünglich nicht. War auch die Tätigkeit der Gemeinden vorerst eine wirtschaftliche, so haben sie doch schon frühzeitig politische Befugnisse erworben. Das frühzeitige Erstarken der Städte kennzeichnet die Tatsache, daß unter Heinrich I. Übertragungen der Grafengewalt an mächtige Herren städtischer Territorien erfolgten. (Staatslexikon I S. 1207.) Dieser König kann also, wenn auch nicht gerade als Städtegründer, so doch als der erste und mächtigste Förderer derselben betrachtet werden.

Je nach den gewährten oder errungenen Privilegien, die besonders in den älteren und bedeutenderen Städten durch Satzungen der Bürgerschaft zu formellen Stadtrechten ausgebildet wurden, gestaltete sich im einzelnen die Verfassung der Städte. Alsbald, insbesondere seit dem 12. oder 13. Jahrhundert, erfolgte die Übertragung maßgebender Stadtrechte auf andere Städte. So hat das Hamburger Recht im nördlichen Sachsen, das Soester, Dortmunder und Münsterische in Westfalen, das Kölner im Schwabenlande, das Frankfurter und Nürnberger in Franken, das Lübische in Norddeutschland und das Magdeburgische in Brandenburg, Preußen, Sachsen, Schlesien und anderen Gegenden Aufnahme gefunden. (Schoen, Das Recht der Kommunalverbände in Preußen, 1897, S. 18; Siegel, Deutsche Rechtsgeschichte, 3. Aufl., 1895, § 20.)

Die Entwicklung der Städte hat sich im 12. und 13. Jahrhundert in den meisten Fällen vollzogen. Insbesondere haben die Kreuzzüge durch Steigerung des Handelsverkehrs und der gewerblichen Bedürfnisse die Entwicklung der Städte in vorteilhafter Weise gefördert. Bald nehmen die Städte neben dem Rittertum ihre eigene Stellung im Staate ein. Namentlich gewinnen diejenigen Städte, welche die kaufmännische Verbindung mit dem Ausland unterhalten, wie Augsburg, Ulm und Nürnberg, Frankfurt und Köln, Hamburg und Lübeck, hohe Wohlhabenheit und politische Bedeutung. (Anfang der Autonomie oder Selbstverwaltung.) Nicht mehr lange, so fühlte sich das Städtetum stark genug, um neben den Fürsten und Rittern die Rechte eines eigenen Reichsstandes zu fordern.

An der Stadtverwaltung nahm die Bürgerschaft in der Regel bis zum 12. Jahrhundert keinen Anteil; erst von dieser Zeit ab entstand der städtische Rat zur Leitung und Vertretung der Bürgerschaft in der Verwaltung, zunächst verbunden mit dem vom Gemeinde- (Stadt-) Herrn ernannten, seit Jahrhunderten mit dem Schöffenkollegium die Stadtgerichtsbarkeit ausübenden Schultheißen (Stier-Somlo S. 664). Der alte Stadtrat war in der Regel ein Kollegium mit einem oder mehreren Bürgermeistern an der Spitze, dessen Mitglieder regelmäßig für ein Jahr bestellt wurden. Er wurde entweder von der ganzen Bürgerschaft oder von einer Aristokratie ratsfähiger Geschlechter gewählt. Im 14. und 15. Jahrhundert erhielten auch meist die Zünfte (Innungen) einen Einfluß auf seine Zusammensetzung.

Hand in Hand mit der Entwicklung dieser Stadträte änderte sich auch die politische Stellung der Städte. Die städtischen Ämter waren ursprünglich in den Händen grundherrschaftlicher Vasallen oder Dienstleute. Vogt und Burggraf, Zoll- und Münzmeister, Kämmerer und Schultheiß standen zunächst in keinerlei Amtsverhältnis zur Bürgergemeinde, sondern ausschließlich zum Stadtherrn. (Preuß II S. 190.) Dem Rat gelang es aber allmählich, sich wachsenden Einfluß auf die städtischen Verwaltungszweige und Gerechtsame zu verschaffen, bis er schließlich als selbständige, mit wirklichen Hoheitsrechten ausgestattete Gewalt neben dem wahren Stadtherrn (König, Bischof, Fürst oder bloßer Grundherr) stand. Die Befreiung geschah allmählich und unvermerkt, indem die Bürger vom Landes- (Stadt-)Herrn ein Recht nach dem anderen an sich brachten. In Pfandform und auch durch unverschleierten Abkauf erlangten sie nach und nach Zoll- und Münzrecht, Brücken-, Wege- und Marktgelder, das Geleits- und Besteuerungsrecht, die Gerichtsbarkeit, die Polizei und andere Hoheitsrechte. Die Unterstützung des Kaisers in seinem Kampfe gegen Papst (Fränkische Kaiser) und Fürsten (Staufen), die Unterstützung des Landesherrn im Kampfe mit den Feudalherrn und Dynasten brachten den Städten ihre Handfesten, Freiheitsbriefe und Berechtigungen. Oft benützten die Städte auch die durch Krieg und Zwistigkeiten herbeigeführte Geldnot der Herrscher zur Erwerbung dieser und weiterer Rechte. Die gemeindliche Autonomie, die Gemeindefreiheit reifte heran. Die erschütterte Rechtsordnung (so im 13. Jahrhundert) zwang die Städte wiederholt, mit den Waffen in der Hand ihre Interessen zu schützen und sie hatten so zahlreiche Fehden, sei es allein oder zu Bünden vereinigt, auszutragen. (Staatslexikon I S. 1220.) Hingewiesen sei auf den schwäbischen und rheinischen Städtebund, die sich wiederum untereinander verbündeten und Annäherung an verwandte Städtebünde, wie an die mächtige norddeutsche Hansa und an die schweizerische Eidgenossenschaft suchten. Den größeren Städten gelang es, sich aus dem fürstlichen oder bischöflichen Abhängigkeitsverhältnis gänzlich zu befreien und die Regierung an sich zu ziehen, sie wurden halbsouveräne Stadtstaaten (Staatslexikon I S. 1107), unabhängige republikanische Gemeinwesen (Schoen S. 235), in denen die Landeshoheit der Städteobrigkeit zustand. Auf dem Reichstage erhielten die Reichsstädte ihre eigene Vertretung („Dritte Bank", Anfang schon unter Rudolf von Habsburg), in den Territorien beschränken die Landstände (Adel, Städte und gebannte Märkte, seit 1394 [Niederbayern] bzw. 1395 [Oberbayern] auch die Prälaten) die Machtbefugnisse des Landesherrn. Der Ursprung der bayerischen Landstände fällt in das 14. Jahrhundert. In Oberbayern führten Steuerforderungen der Herzöge Rudolf und Ludwig, des späteren Kaisers, zum Zusammentritt zuerst des Adels (1302 Rittertag zu Schneitpach), dann der drei Stände (1307). In Niederbayern stellte Herzog Otto, König von Ungarn, am 15. Juni 1311 die große oder Ottonische Handfeste aus und entäußerte sich gegen eine Steuerbewilligung zugunsten der Stände der Gerichtsbarkeit. (Seydel-Piloty S. 4.) Eine Gemeindefreiheit (nach außen!) sehen wir erblühen wie seinerzeit in den griechischen Staaten des Altertums, die durchwegs ebenfalls nur erweiterte Gemeinden waren, wie auch die Verfassungen des Solon und Lykurg nur Gemeindeverfassungen darstellten und schon ihrem Grundgedanken nach auf größere Staatswesen nicht anwendbar waren. (Staatslexikon II S. 1106.)

Das germanische Mittelalter bedeutet so den Höhepunkt, ja eine Überspannung der Gemeindefreiheit. Die deutschen Städte rangen zu Ausgang des Mittelalters mit den Fürsten um den Vortritt in der politischen Führung der Nation! (Staatslexikon I S. 1224.)

Dem Wachstum der städtischen Macht nach außen entsprach bald nicht mehr die gesunde Entwicklung der inneren städtischen Verhältnisse. An die Stelle der Besetzung der Ratsstellen durch Wahl und auf kurze Amtsperiode tritt die Vererbung der Mitgliedschaft und die Selbstergänzung. Der Rat, der sich schließlich als die „von Gott verordnete Obrigkeit" und nicht mehr als Repräsentant der Bürgerschaft betrachtet (Schoen S. 238), wirtschaftet ohne jede Kontrolle der von der Verwaltung zurückgedrängten Bürgerschaft, setzt seine eigenen über die Gesamtinteressen, läßt sich in seinen Entschlüssen oftmals mehr vom Machthunger als von der Rücksicht auf die städtische Vermögenslage und Leistungsfähigkeit leiten und stößt alsbald auf den immer heftigeren Widerstand der unterdrückten und bevormundeten Bürgerschaft. Läßt sich auch das blühende deutsche städtische Gemeinwesen des 13. und 14. Jahrhunderts kennzeichnen als eine „sich selbst regierende freie Schutz- und Rechtsgenossenschaft der Bürger, die mittels eigener Gesetzgebung, Gerichtsbarkeit und Verwaltung die gesamten rechtlichen Beziehungen zu ihren Angehörigen umfaßte" (Stier-Somlo S. 665), so lag dieser Regierung doch im Durchschnitt, auch nachdem die Ausschließlichkeit der ratsfähigen Geschlechter durch die mehr und mehr erfolgreichen Zunftkämpfe im 14. und 15. Jahrhundert zurückgedrängt und demokratisch abgemildert war, eine oligarchisch-republikanische Ratsverfassung zugrunde, die sich in ihrer Allgewalt im Zeitpunkte der höchsten Macht rein diktatorisch auswirkte (auswirken mußte?) und damit die Grundlage zu schweren Verfassungskämpfen legte.

Der Verfall der inneren Einheit schwächte die Widerstandskraft nach außen. Die aufkommenden Territorialstaaten, die nach dem Sinken der kaiserlichen Gewalt in den Städten den gefährlichsten ihrer Machtentfaltung entgegentretenden Faktor sahen, wandten sich nun gegen die Städte, deren sie sich vorher zur Erringung ihrer eigenen Macht bedient hatten, um sie durch Vernichtung ihrer Selbständigkeit und der genossenschaftlichen Selbstverwaltung als unterworfene Glieder ihren Territorien einzuverleiben. Auch die Städtebünde erlagen zuletzt den besseren Heeren ihrer ritterlichen Gegner. (Schwäbischer Bund bei Dörflingen 1338, der rheinische Bund bei Worms. Auch die Hansa verlor wieder ihr politisches Übergewicht im Norden, seit Dänemark, Schweden und Norwegen durch die Kalmarer Union 1397 zu einer starken Monarchie vereinigt waren.) (Winter S. 116.) In den größeren deutschen Territorien gelang die Unterdrückung der städtischen Autonomie, selbst wenn bisweilen formell die Ratsverfassung belassen wurde, seit dem 30jährigen Kriege und der Heran- und Ausbildung des Polizeistaates so vollständig, daß von einer Selbständigkeit der Gemeinden in keiner Weise mehr geredet werden konnte: Die städtischen Magistrate — mit geringen Abweichungen in den einzelnen Territorien —, wurden vom Landesherrn ernannt, das Eigentum der Gemeinden als Eigentum des „Staates", die gemeindlichen Angelegenheiten als Abteilung der staatlichen inneren Polizei, die Gemeinde als ein Verwaltungsbezirk des Staates (Staatslexikon II S. 1108) ohne eigenes Leben und Selbständigkeit (Schoen S. 239) betrachtet; an die Stelle der vorherigen schrankenlosen Freiheit war die gänzliche Unterdrückung und Ohnmacht der Gemeinden getreten. Das rezepierte römische Recht, insbesondere dessen absolutistische Partien, die Reformation, die neue Geldwirtschaft, Soldheer und Beamtentum, alles wandte sich nachträglich in der Zeit des beginnenden Absolutismus gegen die Städte. Nach Analogie der Minderjährigen wurden sie unter landesherrliche Vormundschaft gewiesen. Die öffentlichen Rechte der Zünfte wurden als bloße Privatrechte behandelt. Für den Absolutismus und den Polizeistaat konnte es keine genossenschaftliche Selbstverwaltung geben. (Stier-Somlo S. 665.) Auch das merkantilistische System mit seiner Forderung nach Herstellung einer territorialen Wirtschafts- und Verwaltungshoheit im Inneren, einer selbständigen Wirtschaftsbewegung nach außen (Staatslexikon I S. 1231) kam den absolutistischen Tendenzen entgegen. „An dem Überwuchern des genossenschaftlichen Prinzips und an der partikularistischen Zusammenhangslosigkeit der einzelnen Rechtsgenossenschaften, insbesondere auch der Städte miteinander und mit dem Staat ging der mittelalterliche Staat und mit ihm die genossenschaftliche Verwaltung zugrunde." (Stier-Somlo S. 665 unter Hinweis auf Lamp, Das Problem der Selbstverwaltung.)

Eine neue Zeit brach an, schmerzlich für die Selbständigkeit und die unterjochte Selbstverwaltung der Städte, die sich nahezu 200 Jahre der mehr oder minder streng gezogenen staatlichen Bevormundung unterworfen sah, die notwendige Voraussetzung aber für die Schaffung des modernen Staates, der zwangsläufig die Kassierung der zahlreichen partikularistischen Sondergebilde zur Voraussetzung hatte, sollte er entstehen und sich in der Folge innen- und außenpolitisch erhalten und machtvoll durchsetzen können.

Die Landstandschaft konnte bei dieser Umwälzung der Verhältnisse keine Hilfe bieten. Der Niedergang der Landstände war ja in Bayern ihrer höchsten Machtentfaltung fast unmittelbar gefolgt. Er beginnt im zweiten Jahrzehnte des 16. Jahrhunderts und steigert sich unter der kraftvollen Regierung Maximilians I. zur offensichtlichen Ohnmacht. Maximilian berief 1612 die Landschaft, um dann 39 Jahre lang ohne sie zu regieren. Zum letzten Male berief Ferdinand Maria die Landstandschaft im Jahre 1669. Seit dieser Zeit wurde die Landschaft zu keiner, ihr Ausschuß nur zu formeller Teilnahme an den Landesangelegenheiten berufen (Seydel-Piloty S. 4.)

Durch die Unterdrückung, ja Vernichtung der gemeindlichen Selbstverwaltung hatte sich allerdings der Staat auch zu seinem eigenen Schaden aufbauender Kräfte beraubt, deren ausgleichende Mitarbeit schwere Erschütterung des Staatslebens der nachfolgenden Zeitperioden hätte vermeiden lassen. Daß auch der neue Staat nicht dauernd auf die selbstverwaltende Mitwirkung der Gemeinden, wenn auch im Rahmen des Staatsganzen, verzichten konnte, zeigt die spätere Entwicklung des Staats- und Verfassungslebens.

Die zunächst einsetzende Rechtsentwicklung bedeutete für das Selbstverwaltungsrecht keinerlei Fortschritt. Die geistige Opposition gegen das staatliche Bevormundungssystem setzte erst in der 2. Hälfte des 18. Jahrhunderts ein. Vom Boden des Naturrechts aus erklärte sie die persönliche Freiheit und unbeschränkte Wirkungsfähigkeit des Individuums für ein unantastbares Menschenrecht, an dem die Wirksamkeit des Staates eine natürliche Grenze findet. (Schoen S. 204 ff.) Das allgemeine preußische Landrecht, das II 8 §§ 86 bis 176 die Grundzüge der städtischen Verfassung normierte, hatte an dem vorgefundenen Bestande, der den Begriff der

Selbstverwaltung nicht mehr kannte, nichts geändert. Die Städte gelten als privatrechtliche Gesellschaften, ihre Satzungen als Verträge. (Otto Mayer, 1, 48; 2, 368.) Zu einer Vereinheitlichung der Stadtverfassung hat es nicht geführt, da es nur subsidiäre Geltung in Anspruch nahm, die vorhandenen verschiedenen Stadtverfassungen aber fortbestehen ließ. In anderen Territorien dagegen ergingen nunmehr einheitliche Gesetze für alle Städte des Landes (Bayern: Stadt- und Marktinstruktion vom 1. Januar 1748; Württemberg: Kommun.O. 1758; Baden-Durlach: Kommun.O. 1760), welche eine einheitliche staatliche Bevormundung einführten und eine Verbesserung der Verwaltung der städtischen Gemeinwesen erstrebten. (Seydel-Piloty S. 22.) Im Gegensatz dazu beschränkten sich die brandenburgisch-preußischen Ordnungen darauf, die Vermögensverwaltung und die staatliche Beaufsichtigung der Städte zu regeln, ließen aber gewöhnlich die hergebrachten organisatorischen Einrichtungen, wie die Selbstergänzung des Stadtrates, lebenslängliche Bestellung seiner Mitglieder usw. fortbestehen. (Schoen S. 240.) Eine weitergehende Umgestaltung rückschrittlicher Art erfuhr die Organisation der Gemeinden unter dem Einfluß der französischen Gesetzgebung. Die Entwicklung der Verfassung und der rechtlichen Stellung der Gemeinden in Frankreich von der Zeit der Revolution bis zur Abtrennung der Pfalz zeigt eine wachsende Mißachtung jedes selbständigen Gemeindelebens, die nahezu zur völligen Ertötung desselben sich steigerte und den Begriff der Gemeindezugehörigkeit seines Inhalts beraubte. (Seydel-Piloty S. 515.)

In Bayern war im Anschluß an das Organische Edikt über die Bildung der Gemeinden vom 28. Juli 1808 (RBl. S. 2789) die erste zusammenfassende Regelung des Gemeinderechts erlassen worden im Gemeinde-Edikt vom 24. September 1808 (RBl. S. 2405; Döllinger, Sammlung XI, 71; Weber 1, 195). In diesem Gemeinde-Edikt ist, wenn auch „mit Mängeln schwerster Art" (Seydel II, 5), zum ersten Male „die Verfassung und Verwaltung der Gemeinden vollständig und systematisch geordnet". (Laforet S. 126, Kahr I, 10.) Entschuldigt durch die Zeit, in der eine feste Zusammenfassung der öffentlichen Gewalt in der Hand des ganz außerordentlich in seinem Gebiete vergrößerten Staates unerläßlich erschien, auch beeinflußt durch das französische Gemeinderecht, war in dieser Regelung für die selbständige Betätigung der Gemeinde fast keine Möglichkeit gegeben. Die Gemeinden waren zwar öffentliche Korporationen, standen jedoch „unter der beständigen Kuratel des Staates". Die Überordnungsgewalt des Staates war in eine völlige Vormundschaft verdichtet. (§§ 7, 8, 54 und 56 dieses Edikts; Laforet S. 126.) Die französische Auffassung hatte eben zunächst in den mit Frankreich verbundenen deutschen Gebieten und in den französischen Vasallstaaten (Großherzogtum Berg, Frankfurt, Königreich Westfalen) Eingang gefunden, sie war denn auch das

Muster, nach dem Bayern und Baden (26. Nov. 1809) und noch nach den Freiheitskriegen Nassau (1819) und das Großherzogtum Hessen (1821) die alte Gemeindeverfassung umgestalteten.

Der wissenschaftliche Kampf um die Erringung eines freiheitlichen Gemeinderechts ging weiter. Es war die bewußte Gegnerschaft zum polizeistaatlichen Willen, wenn Freiherr v. Stein verlangte: „Die Nation muß daran gewöhnt werden, ihre eigenen Geschäfte zu verwalten und aus diesem Zustande der Kindheit herauszutreten, worin eine immer unruhige, immer dienstfertige Regierung die Menschen halten möchte." Die Staatsbürger sollten zu öffentlichen Ämtern herangezogen, die staatliche Bevormundung auf ein Mindestmaß beschränkt werden, die Gemeinde sollte die Selbstverwaltung ihres Haushalts erhalten, die Gemeindeorgane sollten durch die Gemeindemitglieder gewählt werden, um so „dem dringend sich ergebenden Bedürfnis einer wirksamen Teilnahme der Bürgerschaft an der Verwaltung des Gemeinwesens zu genügen, gegen die Bürgergemeinde einen festen Vereinigungspunkt zu bilden, ihnen eine tätige Einwirkung auf die Verwaltung des Gemeinwesens beizulegen und durch diese Teilnahme Gemeinsinn zu erregen und zu erhalten". (Stier-Somlo, Art. „Gemeinde- und Gemeindeverbände" im Handwörterbuch der Rechtswissenschaften Bd. II, Berlin und Leipzig 1927, S. 666.)

Diesen Grundsätzen trug, im Gegensatz zu den Gemeindegesetzgebungen in Süd- und Westdeutschland, die französische Einrichtungen übernommen hatten, die Steinsche Städteordnung vom 19. Nov. 1808, durch welche das Städtewesen in Preußen eine grundsätzliche Reorganisation erfuhr, Rechnung. Sie bedeutet für die Fortentwicklung des Gemeinderechts zur damaligen Zeit einen gewaltigen Fortschritt, dem Gedanken einer öffentlichrechtlichen Funktion der Kommune in eigenem Namen unter Geltendmachung obrigkeitlicher Gewalt konnte sie aber noch nicht zum Ziele verhelfen. (Stier-Somlo S. 666; über die Stein-Hardenbergsche Reform vgl. die Werke von E. v. Meier, Max Lehmann, Bornhack, Cavaignac, zitiert bei Meyer, D. Staatsrecht, 7. Aufl., Teil 2, Anm. 20 S. 399.) In der Steinschen Städteordnung wurden die Städte wieder als selbständige Gemeinwesen erkannt, sie erhielten die freie Selbstverwaltung ihrer Angelegenheiten und blieben nur einer auf das notwendigste beschränkten Staatsaufsicht unterstellt. Den Bürgern aber wurde eine tätige Einwirkung auf die städtische Verwaltung durch die neu geschaffene Stadtverordneten-Versammlung und die Heranziehung zur Verwaltung von unbesoldeten Magistratsstellen und anderen städtischen Ämtern gesichert. „So ist nicht mit Unrecht," sagt Schoen a. a. O. S. 241, „die Städteordnung von 1808 als magna charta für die preußischen Städte bezeichnet worden." Sie wurde später auch der Ausgangspunkt für die deutsche kommunale Selbstverwaltung. Auf ihr fußten die meisten späteren Gemeindegesetze, die die Freiheit und Selbstverwaltung der Gemeinde anerkannten.

In Bayern war zur damaligen Zeit vorstehender Fortschritt noch nicht erreicht. Der Übergang zur neuen Zeit erfreute sich insbesondere nicht des entgegenkommenden Verständnisses der maßgebendsten Stelle. Staatsrat v. Zentner hat in seinem einleitenden Vortrage zum Entw. des Gemeinde-Edikts von 1818, nicht ohne hieraus eine Lehre für die Gestaltung des neuen Gesetzgebungswerkes zu entnehmen, die Wirkungen der Montgelasschen Gemeindegesetzgebung wie folgt geschildert:

„Die seit 1803 erschienenen Verordnungen haben die vormals bestandenen Gemeindeverfassungen aufgelöst. Was an ihre Stelle gesetzt wurde, waren nur leere Formen, Namen ohne Sache. Die Regierungen zogen alles unter ihre unmittelbare Aufsicht und Leitung. Diese Maßregel findet zwar in den Zeitereignissen und zum Teil auch darin eine Rechtfertigung, daß die alten, in sich selbst ausgearteten Gemeindeverfassungen zu den neueren Staatseinrichtungen nicht mehr paßten; es entstand aber daraus eine Vereinzelung der Staatsbewohner. Jeder steht unbekümmert neben dem andern, nur für sich und sein Interesse besorgt. Der Gemeinsinn geht endlich ganz verloren. Auf ein Volk, welches in einem solchen Zustande sich befindet, kann . . . eine Regierung mit Kraft und Sicherheit nicht wirken . . . Ohne eine dem Geiste der Zeit und der Kultur des Volkes entsprechende Gemeindeverfassung ist eine allgemeine Staatsverfassung nicht denkbar. Sie ist die Grundlage aller politischen Institutionen im Staate . . .“ (Seydel-Piloty S. 507.)

Als Berichterstatter des Staatsrates zum gleichen Entwurf führte Staatsrat von Zentner aus:

„Jedem Gemeindemitgliede muß ein ihm angemessener Grad von Teilnahme an den gemeinsamen Angelegenheiten zugestanden werden. Wenn der einzelne sich dadurch selbst als unmittelbares Glied eines Ganzen, einer öffentlichen Gemeinschaft empfindet, so hört er auf, sein Selbst allein zum Zwecke zu nehmen, es wird ein Sinn für das Öffentliche, ein Gemeinsinn wieder entstehen, sei er auch anfänglich nur lokal, sobald den Gemeindegliedern gestattet ist, mit eigener Kraft für ihr eigenes gemeinsames Interesse zu sorgen, und sie nicht beständig durch fremde Einwirkungen in ihren Handlungen gelähmt werden. Es wird hiernach in dem neuen Gesetze den Gemeinden mit einer freien Wahl ihrer Magistrate und Gemeindebevollmächtigten, mit einer möglichst freien Verwaltung ihres Gemeindeeigentums auch ihr Kirchen- und Stiftungsvermögen zur eigenen Verwaltung und zweckmäßigen Verwendung zurückgegeben. Sie können ungestört für ihre Gemeindebedürfnisse sorgen und sind in der Bestimmung der Mittel hiefür wenig beschränkt. Sie haben auf alle Anstalten, die das Wohl ihrer Gemeinde und ihrer Gemeindemitglieder betreffen, einen wirksamen Einfluß, als z. B. Polizei, Armenwesen usw. Sie sind der Regierungsbehörde nur insoweit untergeordnet, als die Abhaltung möglicher Mißbräuche und die Erhaltung der Verbindung im ganzen zur Erreichung allgemeiner Staatszwecke erfordert.“ (Seydel-Piloty S. 508.)

Das Gemeinde-Edikt vom 17. Mai 1818, an das sich alsbald eine Reihe von Verordnungen und Erlassen anschloß, befreite die Gemeinden endlich aus der bisherigen Knechtschaft. Eine völlige Freilassung brachte es ihnen allerdings nicht. Diese war auch unter den damaligen Verhältnissen nicht zu erwarten. Aber ein großer Fortschritt in der Auffassung der leitenden Kreise über die Stellung der Gemeinden im Staate war nicht zu verkennen. (Seydel-Piloty S. 508.) Die Staatskuratel blieb bestehen. „Die Gemeinden,“ so war in den §§ 121 und 21 bestimmt, „stehen unter einer besonderen Aufsicht und Kuratel der Staatspolizei.“ Ein Schutz gegen Übergriffe der letzteren war nicht gegeben, da das Edikt die Rechte der Kuratel nicht allenthalben scharf umschrieben hat. Damit war den Vollzugsvorschriften und dem Vollzuge selbst ein weiter Spielraum gelassen, der im Laufe der Zeit nicht gerade zugunsten der gemeindlichen Freiheit benutzt wurde. Zwar lautete, wie Seydel-Piloty in Anm. 19 auf Seite 509 anführt, die Bestimmung in § 69 Abs. II der Form.V.O. vom 17. Dez. 1825 (Weber II S. 279) sehr maßvoll: „Die Kreisregierungen haben in Kommunal- und Stiftungsangelegenheiten von dem Grundsatze auszugehen, daß den Gemeinden hierin die möglichst freie Verfügung zu überlassen und sie nur insofern zu beschränken seien, als die Gesetze solche Schranken positiv anordnen; sie haben alle unnötigen Kontrollen abzustellen und diese in der Regel auf die periodischen Visitationen und auf die innerhalb der gesetzlichen Kompetenz vorzunehmende Feststellung der Etats und Revision und Superrevision der Rechnungen zu beschränken.“ (Vgl. auch M.E. vom 18. März 1819, Döllinger XI S. 415.) Die Verwaltung hat aber leider in der Folge diese richtige Bahn verlassen. G. Frhr. von Lerchenfeld, Geschichte Bayerns unter König Maximilian Joseph I., Berlin 1854, S. 93 f., bemerkt: „Wenn die Zwecke des Gem.-Edikts nicht in dem Maße erreicht wurden, wie es zu hoffen und selbst zu erwarten war, so liegt die Schuld nur zum Teil an der mangelhaften Fassung des Ediktes. Allerdings räumt dieses in manchen Beziehungen den Verwaltungsbehörden noch zu viel Einfluß ein, der Hauptfehler aber lag und liegt heute mehr als je in der ganzen Richtung der Staatsverwaltung, welche die Tätigkeit der Gemeindebehörden für eine Menge von unnötigen Schreibereien und Förmlichkeiten in Anspruch nimmt, ihr barsches Gebot und ihre bevormundende Tätigkeit auf alles und jedes erstreckt, wo nur irgendeine Spur von Selbsttätigkeit der Gemeinde gefunden werden kann. So ist es gekommen, daß in den Städten ein großer Teil der Verwaltung, statt in die Hände gewählter Bürger, in jene untergeordneter, besoldeter Schreiber kam, welche allein mit der Form dieser Geschäfte vertraut sind und sich dazu hergeben und daß auf dem Lande die in der Regel ohnehin der erforderlichen Vorbildung ermangelnden Gemeindevorsteher in drückender Abhängigkeit von dem untern Schreiberpersonale der Landgerichte stehen.“ Daher rühre es, „daß in sehr vielen Gemeinden gerade die tüchtigsten und zur Leitung ihrer Angelegenheiten geeignetsten Bürger die Wahl zum Vorsteher als eine gehässige Last betrachten und auf jede mögliche Weise von sich abzuwenden suchen“. Noch derber hat sich K. Brater (Bemerkungen über den Entw. einer neuen Gemeindeordnung für das Kgr. Bayern, Nördlingen 1850, S. 6) ausgedrückt: „Die Vollzugsvorschriften sind es, durch welche die bayer. Gemeindeordnung im Laufe der Zeit zu einer Karikatur ihrer selbst geworden ist.“

Wie in Bayern, so entstanden auch in anderen Ländern alsbald nach den Freiheitskriegen neue Gemeindegesetze, die besonders darauf abzielten, den Gemeinden eine größere Selbständigkeit zu gewähren, so in Württemberg (Verw.-Ed. vom 1. März 1822), in den 30er Jahren in Sachsen (StO. vom 2. Febr. 1832 und LGO. vom 7. Nov. 1838), Kurhessen (GemO. f. Stadt- und Landgemeinden vom 23. Okt. 1834), Baden (GemG. und Bürgerrechts-Ges. vom 31. Dez. 1831). In Preußen erging unter dem 17. März 1831 eine sogen. revidierte Städteordnung.

Die politische Bewegung des Jahres 1848 brachte die Gemeindegesetzgebung neuerdings in Fluß. In Bayern hatte inzwischen das Gemeinde-Edikt vom 17. Mai 1818 eine durchgreifende Umgestaltung erfahren. Leider zu seinen Ungunsten. Bedeutete das „revidierte Gemeinde-Edikt“ vom 1. Juli 1834 an sich schon keinen erheblichen Fortschritt, so führte es in der Folge durch den Vollzug, den es erfuhr, zu einer Verschärfung der staatlichen Bevormundung der Gemeinden und damit zur Verkümmerung der gemeindlichen Selbstverwaltung. (Seydel-Piloty S. 512.) Eine Entschl. des Staatsmin. d. Inn. vom 31. Oktober 1837 vereinigte alles, was bisher an Ausschreibungen und grundsätzlichen Entscheidungen in Anwendung des Gemeinde-Edikts ergangen war, zu einem Ganzen. „Die Fäden,“ sagt Seydel-Piloty S. 512, „womit die Gemeindeverwaltung durch die Geschäftsgepflogenheiten der Staatsbehörden während eines halben Menschenalters allmählich umschlungen worden war, waren hier zu einem Stricke zusammengedreht.“

Der Landtagsabschied vom 4. Juni 1848 hatte eine Durchsicht der Bestimmungen über die Wahlen der Gemeindevertretung zugesagt. Eine nicht unerhebliche Änderung des Gemeinde-Ediktes brachte das Ges. vom 4. Juni 1848 über die Aufhebung der standes- und gutsherrlichen Gerichtsbarkeit, womit das letzte Hindernis einer geordneten staatlichen Behördeneinrichtung, das sich wohl als eines der bedeutendsten Stücke des Mittelalters über die Zeit der Montgelasschen Umgestaltungen hinaus zu erhalten vermocht hatte, gefallen war. Der dem Landtage im Jahre 1850 vorgelegte Entwurf einer Gemeindeordnung, der manche nicht unerhebliche

Verbesserungen im einzelnen, aber auch bedeutende Mängel enthielt (Seydel-Piloty S. 513), kam nicht zur Beratung. Die von freiheitlichem Geiste getragene preußische Gemeindeordnung vom 11. März 1850 — ein Beispiel aus einem anderen Lande — konnte sich dort auch nicht durchsetzen und wurde mit Gesetz vom 24. Mai 1853 wieder aufgehoben. Auch in zahlreichen anderen Staaten wurden die Gemeindeordnungen, die der liberalen Strömung der Jahre 1848—1850 ihre Entstehung verdankten, im Laufe der fünfziger Jahre wieder beseitigt oder doch wesentlich abgemindert. (Schoen S. 242.)

Einschaltend sei bemerkt: Die Landgemeinden waren im allgemeinen von vorstehenden Entwicklungskrisen nicht berührt. Ihre Verfassung war vom Mittelalter bis zum 18. Jahrhundert keine überwiegend genossenschaftliche, sondern eine überwiegend herrschaftliche. Ihre Entstehung und Entwicklung hängt mit der Markgenossenschaft zusammen. Auch als Ende des 18. und zu Beginn des 19. Jahrhunderts die Reste der alten Markgenossenschaft aufgelöst und die gutsherrlichen Verhältnisse geregelt wurden (Bayern: Konstitution vom 1. Mai 1808 (Aufhebung der Leibeigenschaft), Edikt über das Gemeindewesen vom 24. Sept. 1808 (RBl. S. 2405) und organisches Edikt über die Bildung der Gemeinden vom 18. Juli 1808 (RBl. S. 2789); Preußen: Edikt Hardenberg vom 14. Sept. 1811 (GS. S. 281); Dekl. vom 29. Mai 1816 (GS. 154), Edikt vom 9. Okt. 1807 (GS. 1808—1810 S. 170) erhielten die Landgemeinden noch keine Selbstverwaltung. Das blieb erst späterer Gesetzgebung überlassen. (Bayern: Gemeinde-Edikt vom 17. Mai 1818 [GesBl. S. 101]), Gesetz vom 4. Juni 1848 über die Aufhebung der standes- und gutsherrlichen Gerichtsbarkeit, dann die Aufhebung, Fixierung und Ablösung von Grundlasten (Seydel-Piloty S. 362), Gemeindeordnungen vom 29. April 1869; Preußen: G. vom 14. April 1856 (GS. 359), LandGemO. vom 3. Juni 1891 (GS. 233).

In der Mehrzahl der Mittelstaaten wurden neue Gemeindeordnungen Ende der sechziger und anfangs der siebziger Jahre infolge der mit der reichsgesetzlichen Einführung der Gewerbefreiheit, Freizügigkeit, Aufhebung der Verehelichungsbeschränkungen und anderweiten Fundierung der Armenpflege zusammenhängenden Verschiebungen im wirtschaftlichen und sozialen Leben veranlaßt. Sie machten, entsprechend der liberalisierenden Tendenz der Zeit, erhebliche Zugeständnisse an die Selbständigkeit der Gemeinden, beschränkten und normierten genau die staatlichen Aufsichtsbefugnisse, erweitern die Rechte der Gemeindebürger und auch den Kreis der Bürgerschaft. So ergingen vor allem in Bayern die beiden GO. für die Landesteile diesseits des Rheins und der Pfalz vom 29. Mai 1869 — die Pfalz hatte beim Anschluß an Bayern und im wesentlichen bis zum Erlasse der GO. von 1869 den Rechtszustand der Gemeinden, wie er durch das französische Gesetz vom 28. Pluviôse

VIII, welches an die Verfassung vom 22. Frimaire anschloß, und die daran anknüpfende Gesetzgebung geschaffen worden ist (Seydel-Piloty S. 516) —, in Sachsen zwei Städteordnungen und eine Landgemeindeordnung vom 24. Mai 1873; in Baden ein die Gesetze von 1831 abänderndes Gesetz vom 14. Mai 1870 und die sog. Stadtordnung vom 24. Juni 1874, an deren Stelle dann die Gesetze vom 8. Juli 1911 getreten sind. In Württemberg ist unter dem 28. Juli 1906 eine umfassende neue Gemeindeordnung ergangen, die das in verschiedenen Gesetzen zerstreute Gemeinderecht zu einer planmäßigen Kodifikation zusammengefaßt hat. (Schoen S. 243.)

Die Bayer. Gemeindeordnungen vom 20. April 1869 „bedeuten einen Fortschritt in der politischen Entwicklung des Landes, dessen Wert hoch anzuschlagen ist". (Seydel-Piloty S. 520.) Sie bereiteten der Auslegung vorerst zwar die größten Schwierigkeiten, durch die Rechtslehre von Seydel und Kahr und insbesondere durch die seit 1879 einsetzende Rechtsprechung des Verwaltungsgerichtshofes wurden diese Mängel aber derart behoben, daß die Gesetze mit Recht (zuletzt auch in den Kammerverhandlungen 1927 VerfA. I 204 I; 210 r) außerordentlich „als Meisterwerk der formalen Rechtsgestaltung" gepriesen wurden. (Laforet S. 127.)

Das Bayerische PolizeiStGB. vom 10. Nov. 1861 hatte den Gemeinden bereits eine wesentliche Erweiterung ihres Wirkungskreises durch Einräumung des Rechts zum Erlasse ortspolizeilicher Vorschriften gebracht. Infolge des GerichtsverfG. vom gleichen Tage ging ferner die Handhabung der staatlichen Aufsicht und Kuratel über die Gemeinden, soweit dieselbe nicht den Kreisregierungen zustand, von den Landgerichten auf die neugeschaffenen Bezirksämter über. (Seydel-Piloty S. 514.) Die Einführung des ReichsStGB. und des Reichsgesetzes über die Erwerbung und den Verlust der Bundes- und Staatsangehörigkeit vom 1. Juni 1870 machten einige Abänderungen beider Gemeindeordnungen notwendig, welche durch zwei Gesetze vom 19. Januar 1872 erfolgten. Von weiteren Abänderungen sei insbesondere hervorgehoben das Gesetz vom 8. August 1878, das die Einführung der Verwaltungsrechtspflege brachte, das Gesetz vom 6. Juli 1908, die Änderungen der Gemeindeordnungen usw. betr. (GVBl. 1908 S. 353), das Gemeindewahlgesetz vom 18. August 1908 (GVBl. 1908 S. 424), das pfälzische Städteverfassungsgesetz vom 15. August 1908 (GVBl. 1908 S. 471) und das Umlagengesetz vom 14. August 1910 (GVBl. 1910 S. 581). Hingewiesen sei schließlich noch auf das Gemeindebeamtengesetz vom 15. Juli 1916. (GVBl. S. 113, 1918 S. 369 und 1922 S. 421.)

Nach dem Umsturz der Staatsverfassung erließ das Ministerium Hoffmann auf Grund eines Ermächtigungsgesetzes vom 28. März 1919 (GVBl. S. 112) am 22. Mai 1919 das Selbstverwaltungsgesetz (GVBl. S. 239.) „Das Gesetz als Ganzes betrachtet, im Zusammenhalte mit der Ausdehnung des Wahlrechtes und der Wählbarkeit ist die vollkommene Demokratisierung der Verwaltung der Gemeinden, der Bezirke und der Kreise . . . Dem Selbstverwaltungsgesetze wird voraussichtlich ein langes Leben nicht beschieden sein. Es stellt eine Zwischenstufe dar, die zu weiterem Ausbau drängt." (M. Roesch, Bayerisches Gesetz über die Selbstverwaltung, München 1919 S. 14.) „Das Selbstverwaltungsgesetz ist wie die Zwölftafelgesetzgebung des alten Rom, ein Werk der Diktatur. Daraus erklären sich seine Vorzüge und seine Schwächen." (M. Roesch, Vorwort.) Die Forderungen auf Neugestaltung des Bayer. Gemeinderechtes setzten neuerdings und mit Nachdruck ein. Das Selbstverwaltungsrecht der Gemeinden hatte inzwischen auch in der Reichsverfassung vom 11. Aug. 1919 (RGBl. 1383 ff.), Art. 127, und in der Bayer. Verfassungsurkunde vom 14. Aug. 1919 (GVBl. S. 531 § 22, Abs. 1), seine gesetzliche Verankerung erhalten. Am 22. Februar 1927 wurde mit der Beratung des Entwurfs einer neuen, einheitlichen Gemeindeordnung für das ganze Land begonnen. Unter dem 17. Okt. 1927 ist die neue Gemeindeordnung erlassen, seit 1. April 1928 (Art. 165) ist sie in Kraft gesetzt.

Die neue Gemeindeordnung hat, wie die neue Bezirksordnung und Kreisordnung vom gleichen Tage entsprechend dem Vorgange des Selbstverwaltungsgesetzes, die grundsätzliche Gleichstellung der Landesteile rechts und links des Rheins durchgeführt und ist „vom Geiste des Wohlwollens" zur Selbstverwaltung getragen. Die Gemeinden und ihre Vertretung, der Bayerische Städtetag, hätten sich für eine freiere Ausgestaltung des gemeindlichen Selbstverwaltungsrechtes ausgesprochen. Herr Staatsminister Dr. v. Stützel hat sich als Freund des Selbstverwaltungsrechtes bezeichnet. Inwieweit diesen ministeriellen Zusicherungen das neue Gesetz genügt, werden die weiteren Ausführungen zeigen, inwieweit der Vollzug des Gesetzes — Art. 166 sagt: Die Vollzugsvorschriften zu diesem Gesetz erläßt das Staatsministerium des Innern — dieser entgegenkommenden Einstellung gerecht wird, wird die Zukunft lehren. Mögen hiebei die oben angeführten Worte des Staatsrats v. Zentner und des G. Frhr. v. Lerchenfeld (Seydel-Piloty S. 507—509) als Vermächtnis übernommen werden!

III. Das Problem der Selbstverwaltung.

Den äußeren Werdegang, den Höhepunkt, die Unterdrückung und die allmähliche Wiederherstellung der „Selbstverwaltung" haben wir bereits vorstehend unter „Entwicklung des städtischen Gemeinwesens" betrachtet. Wir wollen uns jetzt mit dem **Begriff** der Selbstverwaltung, der nach Seydel-Piloty (S. 521 Anm. 9) „bekanntlich zu den umstrittensten des Staatsrechtes gehört", selbst befassen.

Die Bezeichnung „Selbstverwaltung" ist — Preuß III S. 768 — dem deutschen Sprachgebrauch allein eigen; weder das Englische noch das Französische hat einen sich damit deckenden Ausdruck. Das Englische „selfgovernment" hat eine nach Inhalt und Umfang erheblich weitere Bedeutung; und im Französischen verwendet man entweder den allgemeinen Ausdruck „décentralisation", oder man hält sich an den weitaus wichtigsten Anwendungsfall: „pouvoir municipal", oder man entlehnt das englische selfgovernment.

In England hat eine durch Jahrhunderte beharrliche Entwicklung das Prinzip des selfgovernment auf allen Stufen des Gemeinlebens völlig an die Stelle obrigkeitlicher Regierung gesetzt; wie das nationale Gemeinwesen sich durch sein parlamentarisches Organ und dessen Mehrheitsausschuß selbst regiert: national government, so regieren sich die engeren Verbände, Grafschaften und Städte, Distrikte und Kirchspiele durch ihre Repräsentanten und deren Ausschüsse selbst: local government. Auch heute noch nach all den Reformen, die angeblich das eigentliche Wesen des wahren selfgovernment vernichtet und Old England dem kontinentalen Verwaltungsmechanismus angenähert haben sollen, herrscht immer noch der Eindruck eines bürgerlichen Staates vor, weil alle Landesregierung Regierung der bürgerlichen Genossenschaften durch sich selbst ist, im engeren Rahmen der Lokalverbände so gut wie in dem weiten Rahmen des Nationalverbandes der magna communa des Reiches. In England hat sich daher niemals eine Einteilung des Staatsgebietes in Verwaltungsbezirke von obenher, in Provinzen und Regierungsbezirke durchzusetzen vermocht. Von einem Gegensatz zwischen „selfgovernment" und „Staat" kann hier also keine Rede sein, weil der „Staat" gar nichts anderes ist, als der umfassendste der nach dem Prinzip des selfgovernment, der genossenschaftlichen Selbstregierung organisierten bürgerlichen Verbände. (Preuß III S. 769.)

In England waren es die Friedensrichter, Justices of the peace, Großgrundbesitzer, welche als Ortsbehörde, oder in ihrem Zusammentritt als Kreis- oder Grafschaftsverbände die Verwaltung führten, bis durch Munizipalgesetz von 1835 (mit späteren Zusätzen) und durch das Grafschaftsgesetz von 1888 eine Neuregelung mit organisiertem Wahlsystem erfolgte. Auch in Deutschland glaubte man mit der Selbstverwaltung eine lebhaftere Beteiligung der örtlichen Kreise, ein größeres Anschmiegen an die individuellen Verhältnisse und eine mannigfaltigere Interessenerfassung zu erzielen. (Kohler S. 141.)

Seit in Deutschland an die Stelle des Polizeistaates der Rechtsstaat getreten war, wurde wiederum auf die Mitarbeit der Selbstverwaltungskörper, insbesondere der Gemeinden zurückgegriffen und ihnen mit aller Verzagtheit eine ansteigende Wirksamkeit eingeräumt. In Bayern hatte das Jahr 1802 einige Verbesserungen der magistratischen Verfassung gebracht, 1806 wurde neben dem Magistrat als zweiter Vertretungskörper der „Bürgerausschuß" geschaffen, die Jahre 1806—1818 lähmten wiederum die bisherigen Erfolge und stellten die Gemeinden unter verschärfte Staatskuratel. Erst das Gemeindeedikt von 1818 bahnte den neuen Fortschritt an. Neben dem Magistrat treten die Gemeindebevollmächtigten, als Zweckverbände kommen die Distriktsgemeinden, öffentliche Körperschaftsrechte erlangten sie erst 1850. Der Landrat fußt auf dem Gesetz von 1852. Erst das Jahr 1869 brachte den Gemeinden das langerstrebte Selbstverwaltungsrecht „nach Maßgabe der Gesetze" (Art. 1 der Gemeindeordnung vom 29. April 1869), das nunmehr in dem Bayerischen Gesetze über die Selbstverwaltung vom 22. Mai 1919 und anschließend in der neuen Bayerischen Gemeindeordnung bzw. Bezirksordnung und Kreisordnung vom 17. Okt. 1927 seine gesetzliche Verankerung erfahren hat.

In den 30er Jahren des 19. Jahrhunderts haben sich Gesetzgebung und amtliche Literatur zu der Grundauffassung bekannt, daß die Gemeinde kein subjektives öffentliches Recht auf Anerkennung ihrer Selbstverwaltung habe; die diese regelnden Rechtssätze seien nur Schranken objektiven Rechtes für die Staatsgewalt. (Hatschek S. 72.) Wenn auch gerade ungefähr damals eine neue Rechtslehre ein eigenes Recht der Gemeinde auf Ausübung der Gemeindegewalt, die gerade so ursprünglich und naturwüchsig wie die Staatsgewalt wäre, verfochten hat (z. B. Stahl, Rotteck, Dahlmann), so begriff man unter Selbstverwaltung doch nur die sogen. eigenen Gemeindesachen, die wirtschaftliche Freiheit der Gemeinde, ihre freie Vermögensverwaltung, ihr Besteuerungsrecht, die Aufnahme in den Gemeindeverband, die Bestellung der Gemeindeorgane durch Wahl, die Handhabung der Ortspolizei, unbeeinflußt von staatlicher Bevormundung. Die Ausübung von Gemeindegewalt innerhalb dieses Wirkungskreises erschien als ein natürliches Recht, ein Grundrecht, das Recht auf Selbstverwaltung. Dieser Theorie folgte die deutsche Gesetzgebung in den Jahren 1848 bis 1850, erkannte also ein Recht auf Selbstverwaltung als Grundrecht an (Frankfurter Verf. vom 5. Dez. 1848 Art. I § 184;

preuß. VerfUrk. vom 5. Dez. 1848 Art. 104). Nach Art. 105 der preuß. VerfUrk. sollte ein einheitliches Gemeinderecht für die ganze preußische Monarchie geschaffen werden. Durch die GemO. vom 11. März 1850 wurde es auch hergestellt, die GemO. wurde aber bereits durch Gesetz vom 24. Mai 1853 wieder aufgehoben. Wenige Tage darauf wurde dann die im wesentlichen noch heute geltende Städteordnung als Gesetz vom 30. Mai 1853 erlassen. (Stier-Somlo S. 667; ein weiteres Eingehen auf das partikuläre preußische Recht muß unterbleiben).

Die Staatsumwälzung i. J. 1918 hat in wichtigen Punkten diesen Rechtszustand überholt, doch trifft dies nicht Begriff und Wesen der Gemeinde. Das Selbstverwaltungsrecht der Gemeinden ist nunmehr in der Reichs- und der Bayerischen Verfassung gesetzlich festgelegt. Art. 127 der Reichsverfassung vom 11. Aug. 1919 lautet:

„Gemeinden und Gemeindeverbände haben das Recht der Selbstverwaltung innerhalb der Schranken der Gesetze."

§ 22 der Bayer. VerfUrk. vom 14. Aug. 1919 bestimmt:

„Den bürgerlichen Gemeinden und den Gemeindeverbänden wird das Selbstverwaltungsrecht gewährleistet. Sie verwalten nach Maßgabe der Gesetze ihre eigenen und die ihnen vom Staat übertragenen Angelegenheiten. Sie haben das Recht, ihren Bedarf durch öffentliche Abgaben im Rahmen der Gesetze zu decken. Neue Aufgaben und Lasten können ihnen nur auf Grund Gesetzes zugewiesen werden."

Ähnlich hat die preußische Verfassung Art. 70 erklärt:

„Den Gemeinden und Gemeindeverbänden wird das Recht der Selbstverwaltung ihrer Angelegenheiten unter der gesetzlich geregelten Aufsicht des Staates gewährleistet."

Auch andere Länder haben ähnliche Verfassungsbestimmungen. Allein es haben (Stier-Somlo, Die neueste Entwicklung des Gemeindeverfassungsrecht, Heft 2 der Veröffentlichungen der Vereinigung der deutschen Staatsrechtslehrer, 1925, S. 130 ff.) weder die heute geltende Reichsverfassung noch die Landesverfassungen ein Grundrecht des pouvoir municipal anerkannt. Hiernach ergibt sich für das 19. und 20. Jahrhundert, daß Gemeinden und Gemeindeverbände nur insoweit einen eigenen aus ihrem Wesenszweck sich ergebenden Wirkungskreis haben, als es die jeweilig geltende Staatsgesetzgebung bestimmt. Ein Grundrecht originärer Selbstverwaltung läßt sich (nach Stier-Somlo, Handwörterbuch S. 667) weder rechtsgeschichtlich noch dogmatisch begründen. Die Selbstverwaltung der Gemeinden ist in Deutschland als Gegenstück der bürokratischen Zentralisation gewertet und durchgeführt worden. Immerhin haben die an und für sich unrichtige Idee einer nur wirtschaftlichen Selbstverwaltung der Gemeinden gegenüber der obrigkeitlichen Selbstverwaltung als auch die Genossenschaftsidee im Sinne der Heranziehung von ehrenamtlichen Vertretern des Gemeindevolkes die Rechtsentwicklung entscheidend beeinflußt. Die Geltung dieser rechtspolitischen Elemente verband sich mit der Notwendigkeit und Zweckmäßigkeit einer Dezentralisation für den lokalen Lebenskreis. So wurde ein System geschaffen, in dem sich Raum fand für ein selbständiges Dasein der Gemeinden mit eigenen Rechten, als auch mit einem rechtlich umhegten Lebenskreise insoweit und solange, als die Staatsgesetzgebung sie ihnen zugestand. (Stier-Somlo 667.)

Mit dem Worte Selbstverwaltung werden heute bei uns zwei verschiedene Begriffe verbunden: Ein politischer Begriff, der auf die Verwaltungseinrichtungen Englands greift und insbesondere durch Gneist und seine zahlreichen Arbeiten über das englische Verwaltungssystem in Deutschland bekannt wurde. Nach Gneist ist die Selbstverwaltung die Verwaltung von Staatsgeschäften durch Ehrenämter; den Gegensatz zur Selbstverwaltung bildet für ihn die Verwaltung durch besoldete Berufsbeamte. Bald ist denn auch die Gneistsche Selbstverwaltungsdefinition zum Schlagworte politischer Parteibestrebungen geworden. In der Gesetzgebung dagegen ist das Wort Selbstverwaltung im Sinne von Verwaltung durch Ehrenämter nur ganz vereinzelt gebraucht. Selbstverwaltung als Rechtsbegriff hat spezifisch deutsche Verhältnisse zur Grundlage. Schon vor dem Bekanntwerden des englischen Regierungssystems durch die Arbeiten Gneists hatten weite Kreise in Deutschland die Empfindung, daß die bloße Beteiligung des Volkes an der konstitutionellen Gesetzgebung weder genüge, die Gesetzlichkeit der Verwaltung zu sichern, noch dem Volke den gebührenden Anteil am öffentlichen Leben einzuräumen. Zur umfänglicheren Beteiligung der Bevölkerung an der Verwaltung aber bot sich hier vor allem der Weg, den Gemeinden Geschäfte der Staatsverwaltung zur Besorgung zu überweisen, ein Weg, der in England bei dem völligen Zurückgebliebensein des Gemeindelebens — anders Preuß III S. 769 — gegenüber der früh verwirklichten Staatseinheit schlechterdings nicht hatte beschritten werden können. Es galt lediglich, die Gedanken im weiteren Umfang zu realisieren, die Stein in Preußen in der Städteordnung von 1808 erstmalig verwirklicht hatte, den Städten weitere Verwaltungsbefugnisse beizulegen, die Landgemeinden und höheren Kommunalverbände zu Trägern öffentlicher Verwaltung zu erheben. In diesem Sinne bedeutet Selbstverwaltung: Besorgung staatlicher Verwaltungsgeschäfte durch dem Staate untergeordnete, aber innerhalb ihres Wirkungskreises selbständige Verbände. Er ist kein politischer, sondern ein rechtlicher Begriff, denn er sagt etwas aus über rechtliche Beziehungen, die zwischen verschiedenen Willensträgern, den gedachten Verbänden und dem Staate bestehen. (Schoen in Holtzendorffs Enzyklopädie der Rechtswissenschaften, 4. Bd., Ausgabe 1914 S. 202.) Den Gegensatz dieser Selbstverwaltung bildet nicht die Verwaltung durch besoldete Berufsbeamte, sondern die durch staatliche Behörden, die auch richtig als unmittelbare Staatsverwaltung charakterisiert wird. Welche Staatsgeschäfte im einzelnen Gegenstände der Selbstverwaltung sind, ergibt sich allein aus den positiven Vorschriften des jeweils geltenden Rechtes. (Schoen S. 203.)

Nach Meyer, Deutsches Staatsrecht, 7. Aufl., Teil 2 S. 385 ist der Begriff der Selbstverwaltung ein politischer Begriff; dieses hat (nach Meyer) E. Loening, Lehrbuch des deutschen Verwaltungsrechtes S. 34 ff. mit Recht hervorgehoben. Auch Jellineck, System 290, 291 und Staatslexikon I 628 ff. gibt zu, daß der Begriff der Selbstverwaltung ein ursprünglich politischer ist. Die Einführung der Selbstverwaltung verfolgte namentlich den Zweck, Organe zu schaffen, welche gegenüber der Zentralregierung eine größere Unabhängigkeit besaßen, als die Berufsbeamten. Dieses hat Neukamp, Begriff der Selbstverwaltung im ArchÖffentlR. 4 377 ff., 525 ff. Veranlassung gegeben, die Selbstverwaltung geradezu als die von der Ministerialverwaltung unabhängige, nur den Gesetzen des Landes unterworfene Verwaltung zu definieren (a. a. O. S. 538). Aber diese Unabhängigkeit, wenn auch bei der Selbstverwaltung in der Regel vorhanden, macht, sagt Meyer a. a. O. S. 385 Anm. 9, doch das Wesen derselben nicht aus. Denn es ist einerseits nicht ausgeschlossen, daß auch ein Organ der Selbstverwaltung in einzelnen Fällen den Dienstbefehlen einer vorgesetzten Behörde unterworfen ist, andererseits kommen Behörden vor, welche lediglich aus Berufsbeamten bestehen und ihre Geschäfte trotzdem unabhängig von der jeweiligen Ministerialverwaltung erledigen. In anderem Sinne versteht man unter Selbstverwaltung die Ausübung von Verwaltungsbefugnissen, namentlich von obrigkeitlicher Gewalt, durch öffentlich-rechtliche Verbände, in erster Linie durch die Kommunalverbände, welche dem Staate ein- und untergeordnet, gleichwohl aber ihm gegenüber selbständig sind. Notwendigerweise hat man also zwei Begriffe der Selbstverwaltung zu unterscheiden: 1. den Begriff der Selbstverwaltung im politischen Sinne: Verwaltung, ausgeübt durch Individuen, welche den Staatsdienst nicht berufsmäßig betreiben, insbesondere durch Ehrenbeamte, 2. den Begriff der Selbstverwaltung im Rechtssinne: Verwaltung, ausgeübt durch juristische Personen, welche, obwohl dem Staate untergeordnet und eingegliedert, doch ihm gegenüber selbständig sind, insbesondere durch kommunale und andere korporative oder anstaltliche Verbände des öffentlichen Rechts. Diese beiden Arten der Selbstverwaltung werden auch wohl — nach dem Vorgange Rosins, AnnDR. (1883) 308 — als „bürgerliche" und „körperschaftliche" bezeichnet. Die beiden Begriffe sind außer von Rosin besonders klar einander gegenübergestellt bei Schoen in der Enzykl. 7. Aufl. 4 201, 202.

Die grundlegenden Theorien über das Wesen der Selbstverwaltung seien der schlagwortartigen Zusammenstellung Menzinger im Staatslexikon, Bd. V S. 521/22 entnommen:

Ursprünglich verstand man unter Selbstverwaltung nur die selbständige, von der Bevormundung des Polizeistaates unberührte

Vermögensverwaltung der Gemeinde; später wurde die Wahrnehmung aller Kommunalinteressen durch eigene Kräfte im Umkreise der Wirkung mit inbegriffen. Eine Doktrin bringt nun die Selbstverwaltung in Gegensatz zur Staatsverwaltung und betont die unabhängige und von staatlicher Einwirkung befreite Stellung der Selbstverwaltungskörper, kämpft also an gegen die Omnipotenz des Staates oder die zu starke Ausdehnung der Staatszwecke; sie geht parallel mit der Strömung, welche dem Individuum der staatlichen Verwaltung gegenüber die Selbstbestimmung und möglichste Sicherung vor obrigkeitlichem Zwang gewährleisten will (Gierke, Schäffle). Eine zweite Ansicht erblickt in der Selbstverwaltung eine Art von Teilnahme an der Staatsverwaltung; Staats- und Gemeindeverwaltung stehen in innigem Zusammenhange, die Gemeinde ist nichts anderes als die Grundlage des Staates. Eine öffentlich-rechtliche Verwaltung außerhalb des Staates ist nicht möglich; doch ist es zweckmäßig, eine einheitliche Verwaltung durch Staatsbeamte, dann durch die Tätigkeit von korporativen Verbänden zu ersetzen, wenn neben dem allgemeinen Interesse auch Sonderinteressen in Betracht kommen, die bei der ersteren erfahrungs- und begriffsgemäß nicht genügende Berücksichtigung finden können. Dabei gehen die Meinungen über den Umfang des Begriffes der hiernach anzuerkennenden Selbstverwaltungskörper weit auseinander. Stein unterscheidet die Selbstverwaltung, wozu er neben der Tätigkeit der Gebiets- und Berufsverbände auch die beratende und begutachtende Tätigkeit der Volksvertretung, ja sogar der den Organen der Staatsverwaltung beigegebenen anderweitigen Vertretungen zählt, von der freien Verwaltung der Vereine. Andere schränken den Begriff ein auf die territorialen und beruflichen Verbände, wieder andere schließen auch die letzteren von dem Bereiche der Selbstverwaltung aus.

Handelt es sich aber bei dieser nur um die Erfüllung staatlicher Aufgaben, so liegt es nahe, von einer Selbstbeschränkung des Staates bei Ausübung seiner Hoheitsrechte zu sprechen; der Staat überträgt die Durchführung staatlicher Aufgaben an Organe, welche zwar der Staatsgewalt unterworfen, aber doch von ihm begrifflich verschieden und mit einer besonderen Rechtssphäre ausgestattet sind, also gewissermaßen einen Zwischenbau zwischen Staat und Individuum bilden (Laband). Dabei können die besonderen Interessen der engeren Verbände nur in zweiter Linie in Betracht kommen, nachdem die Selbstverwaltung nicht Eigenverwaltung, sondern Verwaltung fremder, d. h. staatlicher Angelegenheiten ist (Gareis). (v. Preuß III S. 773 als „grotesk" bezeichnet.) Hänel endlich findet in der Selbstverwaltung nicht bloß eine Staatsverwaltung durch Korporationen, sondern zugleich Staats- und Korporationsverwaltung; die Zwecke der selbständigen Korporationen fallen zugleich in den Umkreis der staatlichen Verwaltung. Daher vollzieht sich auch die Verwaltung der Kommunalverbände unter Aufsicht des

Staates nach Maßgabe des staatlichen Rechts. Die Gneistsche Schule endlich betrachtet im Anschlusse an das englische selfgovernment die Selbstverwaltung als Staatsverwaltung, geführt durch ernannte, unmittelbar staatliche Organe, welche aber sozial und faktisch von der Staatsgewalt unabhängig sind, mithin als Zwischenbau zwischen Staat und Gesellschaft unter Ausschluß der partikularen Bestrebungen. Dadurch wird der Begriff aus einem staatsrechtlichen, aus dem Rechte von Korporationen auf Selbstverwaltung ihrer Angelegenheiten, zu einem politischen, zum Rechte der Staatsbürger auf Teilnahme an der Staatsverwaltung in der Form des unbesoldeten Ehrenamtes. Die Selbstverwaltung soll das Volk zur politischen Freiheit erziehen und das Selbstinteresse der einzelnen Gesellschaftsklassen beseitigen.

Fleiner (S. 8) bezeichnet als Verwaltung die ganze Tätigkeit, die der Staat oder ein anderer öffentlich-rechtlicher Verband zur Erreichung seiner Lebenszwecke unter seiner eigenen Rechtsordnung entfaltet und die weder in den Bereich der Gesetzgebung, noch der Rechtssprechung fällt. Selbstverwaltung ist, auf die Gemeinde abgestellt, das Recht der Gemeinde, über die eigenen Angelegenheiten selbst zu entscheiden, sie selbst zu verwalten und in diesen Angelegenheiten allgemein verbindliche Anordnungen zu erlassen. (Woerner S. 74.) Die Verwaltung ist die handelnde Staatsgewalt. Gesetz ist Wille, Verwaltung Tat. (Meyer S. 759.) Das Gesetz ist der Verwaltung gegenüber immer der rechtlich höhere Wille; die Verwaltung darf also niemals etwas tun, was das Gesetz verbietet, darf nicht contra legem handeln. Der Staat allein hat die Herrschergewalt (imperium). Herrschen bedeutet, die Fähigkeit zu besitzen, freien Menschen zu befehlen und sie zur Befolgung der Befehle zu zwingen. (Gerber, Grundzüge eines Systems des Deutschen Staatsrechts, 2. Aufl. 1869 S. 21; Laband, Staatsrecht I 5 S. 68; Jellineck, Allgemeine Staatslehre, 3 S. 427 ff.) Nur dem Staate wohnt heute die Herrschermacht inne. Der Staat kann jedoch Verbände (Gemeinden usw.), welche öffentliche Verwaltungsgeschäfte besorgen, mit der Herrschermacht belehnen.

Juristisch liegt in dem Begriffe der Selbstverwaltung, wie er sich geschichtlich herausgebildet hat, nichts anderes als die Rechtsfähigkeit eines Gemeinwesens, seine Angelegenheiten selbst zu verwalten (Staatslexikon V S. 522). Wenn die Organe der Selbstverwaltung erst durch den Staat zu öffentlichen Persönlichkeiten werden können, ist es klar, daß auch der Staat durch seinen Willen, die gesetzgebende Gewalt, bestimmen muß, wo er die Grenze jener Selbständigkeit jeder einzelnen Organisation der Selbstverwaltung gegenüber den Forderungen der Staatsverwaltung ziehen kann; hier scheiden sich die beiden Teile, in welchen das Hoheitsrecht des Staates über die Selbstverwaltung zur Geltung gelangt. Das Selbstbestimmungsrecht empfängt in seinen einzelnen Tätigkeiten ihrer öffentlichen Verwaltung seine Grenze durch Gesetzgebung und Verordnung des Staates (Stengel, Wörterbuch des Deutschen Verwaltungsrechts, Freiburg i. B. 1890, Bd. 2; L. v. Stein S. 448).

Jede öffentliche Persönlichkeit ist ein Analogon des Staates, nur mit dem wesentlichen Unterschied, daß das Gebiet der Selbständigkeit der beschließenden und der ausführenden Tätigkeit derselben stets ein auf ihr spezielles Lebensgebiet beschränktes ist. Ihre Berechtigung geht grundsätzlich gerade nur soweit, als die Kraft der Lebensfaktoren oder Verhältnisse, welche sie selber erzeugt haben. Innerhalb derselben aber haben sie vollständig den Charakter der Persönlichkeit, d. i. sie sind selbständig, selbstbestimmt und selbsttätig.

Weil alle Selbstverwaltungskörper als engere Verbände einem weiteren Verbande, in letzter Linie dem Staate, eingegliedert sind, ist ihre Selbständigkeit immer nur eine relative. Der Staat selbst ist aber nur dann das höchste Gemeinwesen, wenn er selbst keinen organisierten Verband mehr über sich hat. Daher werden (Laband, Preuß III S. 774) in der Wissenschaft mitunter auch die Einzelstaaten des Deutschen Reiches als „Selbstverwaltungskörper" bezeichnet, eine Theorie, die mit der Streitfrage über die Souveränität des Reiches und der Gliedstaaten oder mit der Frage nach der rechtlichen Natur des Deutschen Reiches zusammenhängt und hier nicht weiter behandelt werden kann.

Die Verwaltung beschränkt sich nicht auf den Vollzug von Gesetzen, wie ehedem in der Lehre von der Gewaltenteilung das pouvoir executiv unterschieden wurde. Sie besteht vielmehr in dem freien, innerhalb der Schranken der Gesetze nur durch die Rücksichten der Zweckmäßigkeit bestimmten Handeln zur Erreichung eines vorgesetzten Ziels, die Förderung der physischen, wirtschaftlichen und geistigen Interessen der Untertanen. Sie verfährt nach den Erwägungen des verwaltenden Ermessens (Staatslexikon V S. 511). Da sich der Gemeinwille des Selbstverwaltungskörpers auch auf den Gebieten der Rechtsetzung und Rechtsprechung betätigen kann, entspricht dem Prinzip dieser relativen Selbständigkeit die Bezeichnung „Selbstregierung" besser als Selbstverwaltung. (Preuß III S. 774).

Die Frage, welche Gemeinwesen als Selbstverwaltungskörper anzusehen sind, wird verschieden beantwortet. Von einigen werden alle Korporationen hiehergerechnet, welche im Staatszweck enthaltene Zwecke verfolgen, sogar die freie Verwaltung der Vereine nicht ausgeschlossen. Andere begrenzen den Umfang des Begriffs auf diejenigen Genossenschaften, welche auf territorialer oder beruflicher Gemeinschaft beruhen. Wieder andere identifizieren die Selbstverwaltungskörper mit dem Begriffe der mit öffentlich-rechtlichen Befugnissen versehenen Zwangsverbände, welchen gewisse Personen gesetzlich auch gegen ihren Willen angehören und welchen bestimmte Hoheitsrechte gegen ihre Angehörigen zustehen. Rosin betrachtet als Selbstverwaltungskörper diejenige Genossenschaften, welche kraft öffentlichen Rechts dem Staate zur Erfüllung ihrer Zwecke verpflichtet sind. Die Selbstverwaltungskörper weisen eine doppelte Beziehung auf, die von erheblicher Bedeutung für die Gestaltung ihres Rechts ist: Einerseits nach innen, indem sie ein gesondertes Dasein für sich führen, andererseits zum Staate, dem sie als Glieder sich einfügen (Seydel-Piloty S. 504). Sie üben über ihre Mitglieder eine selbständige Verbandsgewalt aus. In dieser ist auch die Fähigkeit der Rechtssatzung enthalten. Sie wird als Selbstgesetzgebungsrecht, als Autonomie bezeichnet; Beispiele bieten die allgemeinen Ortsstatuten (Ortsgesetze), die Statuten der Innungen usw. Der auf diese Weise erzeugte Erlaß führt in der Wissenschaft den Namen Satzung oder autonome Satzung. In der Form der Satzung tritt das Lokalrecht in Erscheinung. Die Satzung erzeugt objektives Recht (RG. in Zivilsachen, Bd. 51, S. 62).

Nach dem gegebenen Recht kommen mannigfache Berufsverbände als Selbstverwaltungskörper in Betracht: Die Organisationen des Handels, des Handwerks, der Landwirtschaft, der Sozialgesetzgebung usw. Die Gemeinsamkeit persönlicher öffentlicher Zwecke zeigt hier das „Vereinswesen" im weitesten Sinne, mit seinen Unterarten der rein persönlichen, der wirtschaftlichen und der gesellschaftlichen Vereine (L. v. Stein S. 447). Ihre Verwaltungstätigkeit ist aber, selbst wenn sie berechtigt sind, gewisse Personen zum Beitritt zu zwingen und von diesen Handlungen bestimmter Art zu fordern, so wesentlich ihrem Inhalt nach von dem Begriffe der Selbstverwaltung verschieden, daß es nicht berechtigt erscheint, diese Interessentenverbände auf gleiche Stufe mit den Gemeindeverbänden zu stellen. Der Begriff wird folgerichtig nur bei denjenigen Körperschaften angewendet, bei welchen er sich historisch entwickelt hat, d. h. bei solchen Verbänden, welche gleichsam als Staat im kleinen mit Gebiets- und Personalhoheit ausgestattet sind; bei diesen trifft auch das Merkmal der obrigkeitlichen Befugnisse und des Zwangsverbandes zu. Verläßt man einmal die geschichtlich gewordene Linie des Begriffs der Selbstverwaltung, so ist es schwer, ja nahezu unmöglich, dafür überhaupt noch eine sichere Linie gegenüber den bloßen Personenvereinigungen zu finden (Staatslexikon V S. 525).

Das reinste und wichtigste Beispiel eines Selbstverwaltungskörpers in dem bisher entwickelten Sinne ist die Ortsgemeinde; bei ihr treten alle begrifflichen Merkmale klar und unverhüllt zutage. Die natürlichen Grundlagen bilden ähnlich wie beim Staat „Land und Leute", d. h. ein örtlich abgegrenztes Gebiet und die innerhalb desselben ansässigen Staatsangehörigen. Dementsprechend besitzt auch die Gemeinde sowohl Gebiets- als Personalhoheit, allerdings nur mit Wirkung für ihr Gemeindegebiet und nach Maßgabe der Gesetze.

Die Selbstverwaltung erstreckt sich nach bayerischem Rechte grundsätzlich auf das gesamte Gebiet der gemeindlichen Tätigkeit. Auch in dem sogen. übertragenen Wirkungskreise, insbesondere der Orts- und Bezirkspolizei (Art. 51, 54), haben die Gemeinden das Recht der Selbstverwaltung (VGH. 44, 42), nur ist in diesen Gebieten die Staatsaufsicht, Sachaufsicht genannt, stärker ausgebaut als in den sogen. eigentlichen Gemeindeangelegenheiten (Helmreich-Rock S. 66). Das Selbstverwaltungsrecht in Angelegenheiten des übertragenen Wirkungskreises wird zum Teil lebhaft bestritten (Woerner S. 74, Kratzer, § 22 Bem. 8c; Gebhard, Bayer. Gemeindezeitung 1919 Sp. 569; a. A. Nawiasky 425; Piloty-Schneider 67; Braunwart-Stößel 149); das Recht auf die Ortspolizei wird von Woerner (S. 75, 413) mit Nachdruck verneint, trotzdem dieser Anspruch fast allgemein in Rechtsprechung (VGH. 44, 23) und Rechtslehre (Kahr 2, 10, Seydel-Piloty 530, Piloty-Schneider 71, Helmreich-Rock 255, Rösch 223, Dyroff, VGG. S. 416, Gebhard, Die Stellung der Polizei im gemeindlichen Wirkungskreise nach bayer. Recht, Diss., Rosenheim 1916;) anerkannt ist. Die Landtagsverhandlungen zur neuen Gemeindeordnung, insbesondere die Ausführungen des Staatsministers des Innern Dr. Stützel (AB. I 449) und Dr. Bohl (Laforet Anm. S. 140) unterstützen die bejahende Anschauung. Der Landtagsausschuß konnte sich, insbesondere in seinen juristisch nicht geschulten Mitgliedern, über die Tragweite und die ganzen Finessen dieser wissenschaftlich heißumstrittenen Frage nicht klar sein. Mit gesundem Gefühl für das historisch Gewordene hat er aber bald gemerkt, daß der von der Regierung vorgelegte Entwurf der neuen GO. in vorliegender Frage, insbesondern die Begründung zu Art. 51, dem bisherigen Rechte der Gemeinde nicht mehr gerecht werden wollte und ist ihm, obwohl die Streitfrage nicht in voller Klarheit ausgetragen wurde, nicht gefolgt. Woerner (S. 77) erblickt, die Verhandlungen als ganzes betrachtet, in ihnen eine Stärkung seiner (nicht nur hier, sondern im allgemeinen dem gemeindlichen Selbstverwaltungsrecht abträglichen) Meinung.

Die Gemeinde hat das Recht der Selbstverwaltung. Das heißt nicht nur, daß sie innerhalb der Gesetze die eigenen Angelegenheiten nach ihrem Ermessen erledigen kann, sondern daß sie auch im freigestellten Raume eine Aufgabe nach ihrem Ermessen ergreifen kann oder nicht. Sie ist hiebei allein durch das Gesetz und ihre Leistungsfähigkeit eingeschränkt. Dieser Grundsatz der „Totalität" des Aufgabenkreises ist in Art. 1 GO. ausgesprochen (Laforet S. 141.) Nicht aus sich, sondern weil vom Staate anerkannt, hat die Gemeinde das Selbstverwaltungsrecht. Eigene Rechte im Sinne von außerstaatlichen, für die Staatsgewalt unantastbaren Rechten gibt es nicht. Versteht man aber unter einem „eigenen" Recht nichts anderes als ein subjektives Recht, so ist auch der sogen. übertragene Wirkungskreis der Gemeinde „eigen", d. h. Gegenstand subjektiver Berechtigung. Dieses Recht der Gemeinde auf ihren Wirkungskreis — ein subjektives öffentliches Recht — ist wiederum genau so „übertragen" wie jedes andere subjektive Recht, denn es beruht auf dem sein Dasein begründenden Willen des Staates. Es ist also gleichwohl wie der andere Wirkungskreis gleicher Weise „übertragen" und „eigen", ein innerlich rechtlicher Unterschied zwischen den beiden besteht nicht (Meyer S. 406).

Die Autonomie der Gemeinden steht unter der Staatsgesetzgebung, wie ihre Selbstverwaltung unter der Staatsaufsicht. Aber die Aufsicht des Staates über das Eigenleben der Selbstverwaltungskörper ist ein völlig anderes Rechtsverhältnis als die Subordination der unteren gegenüber den höheren, den „vorgesetzten" Behörden eines und desselben Gemeinwesens. Denn die rechtliche Anerkennung eines von dem staatlichen spezifisch verschiedenen und im gesetzlichen Rahmen selbständigen Gemeinwillens des engeren Verbandes ist die unbedingte begriffliche Voraussetzung aller Selbstverwaltung. Der Kampf um die Rechte der Selbstverwaltung dreht sich bei uns außer dem nicht immer gut gewahrten Verhältnis zwischen kommunaler und bürokratischer Obrigkeitsverwaltung in der Hauptsache nicht um die gesetzliche Abgrenzung des Zuständigkeitskreises der Selbstverwaltungskörper, sondern vielmehr um die Verwischung des entscheidenden Gegensatzes von Subordination und Aufsicht innerhalb der gesetzlichen Zuständigkeit der Selbstverwaltung (Preuß III S. 774).

Die Gemeinde steht der Staatsaufsichtsbehörde (eigener Wirkungskreis) viel selbständiger gegenüber als der Sachaufsichtsbehörde (übertragener Wirkungskreis). Sie hat in den Gegenständen der Staatsaufsicht die Stellung einer Partei, in den Gegenständen der Sachaufsicht die Stellung eines untergeordneten Vollzugsorgans. Sie kann daher gegen die Verfügungen der Staatsaufsichtsbehörde Beschwerde zur nächst höheren Staatsbehörde und, falls dieses nicht ohnehin das Ministerium ist, weitere Beschwerde zum Staatsministerium des Innern erheben, ja sogar den Verwaltungsgerichtshof gegen Übergriffe der Staatsaufsichtsbehörde anrufen (GO. Art. 60 Abs. VI, VGG. Art. 10 Nr. 2). In den Gegenständen der Sachaufsicht dagegen ist sie den Anordnungen der Sachaufsichtsbehörde bedingungslos unterworfen wie jede untergebene Staatsbehörde der vorgesetzten Staatsbehörde (Woerner S. 402).

Eine Staatskuratel gibt es, abgesehen von den wenigen ausdrücklich festgestellten Fällen, in welchen die Genehmigung der Staatsaufsichtsbehörde vorgeschrieben ist, im Bayer. Gemeinderechte nicht mehr (Helmreich-Rock S. 226, Woerner S. 70).

Gierke bezeichnet den übertragenen Wirkungskreis als eine Last der Gemeinde, als eine vom Staat auferlegte Pflicht. Die Zuteilung des übertragenen Wirkungskreises erfolgte auch nicht als Anerkennung der gemeindlichen Mitarbeit. Eine offene Begründung bringt Woerner S. 400: Die Übertragung staatlicher Angelegenheiten an die Gemeinden erfolgte rein aus Zweckmäßigkeitsgründen. Die untersten Verwaltungsbezirke des Staates erweisen sich für viele Angelegenheiten als zu groß; es ist notwendig, daß noch eine weitere Gliederung des Verwaltungsapparates vorhanden ist, die der Bevölkerung viel näher ist, mit der die Bevölkerung und die mit der Bevölkerung viel leichter verkehren kann. Der Staat müßte zu diesem Zwecke eine sehr große Zahl weiterer Verwaltungsbehörden schaffen, die unter den Bezirksämtern stehen. Dieses Verfahren wäre höchst unzweckmäßig, weil es sehr kostspielig wäre und weil die meisten von diesen Behörden nicht voll beschäftigt wären. Der Staat hat daher die Aufgaben, die er solchen untersten Staatsverwaltungsbehörden übertragen müßte, den Gemeinden zur Erledigung übertragen. Durch die Übertragung ändert sich die Eigenschaft dieser Geschäfte nicht, sie werden nicht zu gemeindlichen Geschäften, sondern sie bleiben nach wie vor staatliche Geschäfte. (Begr. VGH. 24, 371.)

Der wichtigste Teil der Angelegenheiten des übertragenen Wirkungskreises ist die Handhabung der Ortspolizei. Die Befugnisse der Ortspolizei umfassen grundsätzlich das ganze Gebiet der Polizei und sind nur begrenzt durch die polizeilichen Befugnisse anderer Behörden, welche die Zuständigkeit der gemeindlichen Polizei ausschließen sollen, z. B. die Bahnpolizei. Dagegen schließen Verpflichtungen bürgerlich-rechtlicher oder öffentlich-rechtlicher Art die Rechte und Pflichten der Gemeinden als Ortspolizeibehörden nicht aus (VGH. 31, 110, Woerner S. 412).

Die Gemeinden als eine in das Staatsgefüge eingegliederte öffentliche Einrichtung (Laforet 133, VGH. 47, 33), als unterste Verwaltungsstufe der staatlichen Macht (Laforet 141) haben außer der Polizei noch in ausgedehntem Maße staatliche Zwecke (übertragener Wirkungskreis) zu erfüllen. Von einer Aufzählung, die doch stets unvollkommen wäre — sie müßte fast allen Erscheinungsformen des öffentlichen Lebens gerecht werden —, kann abgesehen werden. Als Beispiele seien angeführt aus der allgemeinen Staatsverwaltung: Wahrnehmung der Geschäfte eines Standesbeamten, Mitwirkung beim Vollzug der RGewO., Erledigung der durch die RVO. den Gemeinden zugewiesenen Aufgaben, Vorbereitung der Landtags- und Reichstagswahlen; aus dem Gebiete der gerichtlichen Polizei: Hilfsbeamte der Staatsanwaltschaft; aus dem Gebiete der Rechtspflege: Ausübung des Vermittlungs- und Sühneamtes, Herstellung der Schöffen- und Geschworenenlisten, Errichtung der Gewerbe- und Kaufmannsgerichte; aus dem Kreise der Finanzverwaltung: Mitwirkung bei der Steuerveranlagung und beim Steuervollzug, Prüfung, Ergänzung und Berichtigung der Lohnlisten usw.; aus dem Gebiete der Heeresverwaltung: Quartierleistungsgesetz u. a. Umfangreich sind die übertragenen sozialpolitischen Aufgaben: Neben dem pflichtgemäßen Aufgabenkreis hat hier der Staat den Gemeinden den weitesten Spielraum zur Entfaltung der Kräfte der Selbstverwaltung gelassen und können die Gemeinden gerade hier im eigenen und im übertragenen Wirkungskreise auf vorbildliche Leistungen hinweisen.

Weniger klar und unverhüllt als bei der Ortsgemeinde treten die begrifflichen Merkmale des Selbstverwaltungsrechtes bei den künstlich vom Staate geschaffenen Gemeindeverbänden höherer Ordnung, den Distrikten, Kreisen, Provinzen usw. zutage. Sie haben meistens nur eine Reihe bestimmt abgegrenzter Aufgaben zu erfüllen, größtenteils solche finanzieller Art; von einer Gebiets- oder Personalhoheit ist nicht die Rede, es fehlt ihnen die ideelle Allgemeinheit des Lebenszweckes, so daß bei ihnen von Selbstverwaltung nur in ganz abgeschwächtem Sinne gesprochen werden kann. Sie sind, richtig besehen, berufen zur Besorgung solcher staatlicher Aufgaben, welche nur das Eigentümliche an sich tragen, daß sie nicht das ganze Staatsgebiet gleichmäßig berühren. (Staatslexikon V S. 527.)

Die Bezirke und Kreise sind nicht Gemeinden im Sinne der *GO., sondern Gemeindeverbände, obwohl man heute noch vielfach* (ungenau) von Bezirksgemeinden oder Kreisgemeinden spricht; ihre Verfassung ist derzeit in Bayern in der Bezirksordnung und in der Kreisordnung, je vom 17. Okt. 1927, geregelt.

Die Distriktsgemeinden — wir halten uns gegenüber Woerner (S. 69) aus historischen Gründen vorerst an diesen Ausdruck — sind wirkliche Gemeindeverbände höherer Ordnung mit Körperschaftsrechten. Sie sind, gleich den Ortsgemeinden, gesetzlich notwendige Verbände, in welche der Staat — seine Angehörigen und sein Gebiet — sich gliedert. Nur die unmittelbaren Städte sind vom Distriktsverband ausgenommen, während die Verleihung der Kreisunmittelbarkeit an die pfälzischen Städte unter Aufrechterhaltung des Distriktsverbandes (nun Bezirksordnung vom 17. Okt. 1927) erfolgt. (Seydel-Piloty S. 629.)

Die ersten Anfänge einer Gesetzgebung über die Bildung von Distriktsgemeinden treten im zweiten Jahrzehnt des 19. Jahrhunderts zutage. (Für die geschichtliche Darstellung: Seydel-Piloty S. 626 ff.) Es handelt sich dabei zunächst nur um die Vereinigung einer Mehrzahl von Ortsgemeinden für einzelne gemeinsame Zwecke, die lediglich nach Maßgabe des Bedürfnisses eintreten sollte, nicht um eine gesetzlich notwendige Gliederung des Landes in Distriktsverbände. Der Name Distriktsgemeinde erscheint zuerst in § 7 des Gemeindeedikts vom 17. Mai 1818. Eine festere Begrenzung und genauere Ausgestaltung erhielt die Einrichtung der Distriktsgemeinden nach Erlaß der VerfUrkunde. (Vgl. Ges. vom 22. Juli 1819, die Umlagen für Gemeindebedürfnisse betreffend, GBl. S. 83.) Nach dem Gesetz über die Behandlung der Distriktsumlagen vom 11. Sept. 1825 (GBl. S. 87) ist Organ des Verbandes die Distriktsversammlung, zusammengesetzt aus Vertretern der beteiligten Gemeinden, den beteiligten Grund-, Zehnt- und Gutsherren oder deren

Vertretern, denjenigen Personen, welche „einen ausgezeichnet großen Anteil an den Beiträgen oder Leistungen zu nehmen oder ein besonderes Interesse dabei haben“, endlich gegebenenfalls einem Vertreter des Staatsärars. Die Geschäftsleitung steht dem Vorstande des Gerichtssprengels, bei Versammlungen, an welchen mehrere Gerichtsbezirke Anteil nehmen, dem von der Kreisregierung ernannten Beamten zu.

Der gegebene Rechtszustand war durchaus unzulänglich. Die gesetzlichen Bestimmungen über die Befriedigung der Distriktsbedürfnisse konnten, wie später die Staatsregierung selbst äußerte (Verh. d. K. d. Abg. 1851/52 Beil. Bd. II S. 564) ihre Aufgaben nur unvollkommen lösen, „da sie von der korporativen Eigenschaft der Distriktsgemeinde nicht ausgingen, nur eine untergeordnete Teilnahme der Distriktsbewohner an der Besorgung der gemeinschaftlichen Angelegenheiten gestatteten, keine regelmäßige Vertretung der Distriktsgemeinden gewährten, ein sehr schwerfälliges und verzögerliches Verfahren notwendig machten und in bezug auf Distriktslasten und die Aufbringung der nötigen Mittel unzureichende Bestimmungen enthielten.“ Jene alten Distriktsgemeinden waren eben, ihres Namens ungeachtet, keine Gemeindeverbände, sondern Gesellschaften von Gemeinden für bestimmte einzelne Zwecke. Sie konnten von den Staatsbehörden nach Ermessen gebildet, umgebildet und aufgelöst werden. Die Pfalz entbehrte der Einrichtung von Distriktsverbänden gänzlich. Erst in dem Gesetzentwurf über die Distriktsräte vom Jahre 1850 (Verh. d. K. d. Abg. Beil. Bd. III S. 689 ff.) werden die Distriktsgemeinden, welche je für den Amtsbezirk eine Distriktspolizeibehörde bestehen sollen, zum ersten Male als Körperschaft aufgefaßt. Das Gesetz vom 28. Mai 1852, die Distriktsräte betr. (GBl. S. 245) verwirklichte eine Mehrzahl der erstrebten Verbesserungen.

Das Gesetz bezeichnet die Distriktsgemeinden als „Korporationen“. Es will damit ausdrücken, daß sie keine bloße Gesellschaften, sondern wahre Gemeinden (nach Seydel-Piloty S. 631; anders A. Luthardt, Bl. f. adm. Praxis XXVII S. 17 Anm. 1, der die Distriktsgemeinden nicht als Gemeinden im eigentlichen Sinne anerkennen will) mit Rechtspersönlichkeit sind. Die Bedeutung dieses Rechtssatzes ist eine öffentlich-rechtliche, insoferne er die Distriktsgemeinden als Gemeindeverbände bezeichnet, eine bürgerlich-rechtliche, insoferne er ihnen die Eigenschaft einer juristischen Person zuschreibt. Die Distriktsgemeinden üben durch ihre Organe, den Distriktsrat und den Distriktsausschuß, keine obrigkeitliche oder Amtsgewalt innerhalb des Gemeindebezirkes aus. Sie sind in ihrem eigentlichen Wirkungskreise lediglich mit der Verwaltung der Gemeindeangelegenheiten befaßt, wobei sie nicht in Gebiete übergreifen dürfen, welche dem Staate oder anderen Gemeindebehörden zugehören. Das Recht selbständiger Verwaltung haben die Distriktsgemeinden nur in beschränktem Maße. Sie stehen in den wichtigsten Beziehungen unter Staatskuratel, im übrigen unter Staatsaufsicht. Der Distriktsausschuß ist Organ der Distriktsgemeinde für die Führung der laufenden Verwaltung, insbesondere die Vermögensverwaltung. Alle Angelegenheiten der Distriktsgemeinde, welche nicht durch ausdrückliche Gesetzesvorschrift dem Distriktsausschusse zugewiesen sind, gehören zur Zuständigkeit des Distriktsrates. Das Distriktsratsgesetz vom 28. Mai 1852 ist inzwischen — übergangsweise durch das Selbstverwaltungsgesetz vom 22. Mai 1919 beeinflußt —, abgesehen von einigen vorhergehenden Änderungen, durch die Bezirksordnung vom 17. Okt. 1927 abgelöst worden. Ein beschränktes Selbstverwaltungsrecht ist gesetzlich anerkannt, indem Art. I sagt: „Der Bezirk ist eine Körperschaft des öffentlichen Rechts mit dem Rechte der Selbstverwaltung nach Maßgabe der Gesetze.“ Im übertragenen Wirkungskreise war bisher der Bezirksausschuß für die in Art. 23 SG. aufgeführten Angelegenheiten Bezirkspolizeibehörde. Diese Zuständigkeit ist nunmehr nach der neuen Bezirksordnung weggefallen.

Die Kreisgemeinden sind Gemeindeverbände höchster Ordnung. Jeder Regierungsbezirk bildet zugleich eine Kreisgemeinde. Änderungen im Umfange des Regierungsbezirks ergreifen von selbst auch die Kreisgemeinde. Die Kreisgemeinden sind in öffentlich-rechtlicher Beziehung Gemeindeverbände, in bürgerlich-rechtlicher Hinsicht juristische Personen. (Seydel-Piloty S. 654.)

Der erste Keim der Entwicklung der Kreisgemeinden — (für die geschichtliche Darstellung: Seydel-Piloty S. 647 ff.) — liegt in der Einrichtung der Kreisvertretungen, welche nach französischem Vorbilde in Bayern Eingang fanden. Etappen auf dem Wege zur Schaffung von korporativen Kreisgemeinden sind die Verfassung vom 1. Mai 1808 — die hier formulierten Kreisversammlungen und Kreisdeputationen sind nicht ins Leben getreten —, das Gesetz über die Gemeindeumlagen vom 22. Juli 1819, — die VerfUrk. von 1818 gedenkt der Kreisvertretungen überhaupt nicht, obwohl deren Einführung ursprünglich beabsichtigt war, — die VO. vom 1. Jan. 1822 (R. u. IntellBl. S. 9) über die Einführung der Landräte in sämtlichen Kreisen des Königreichs, das Ges. vom 15. Aug. 1828, die Einführung der Landräte betr. (GBl. S. 49), womit, einschl. des Finanzgesetzes vom 28. Dez. 1831 (GBl. 1831/32 S. 121), die Gesetzgebung über die Einrichtung und die Zuständigkeit der Kreisvertretungen zu einem vorläufigen Abschluß gelangte.

Bedeutete auch die Einrichtung der Landräte, wie sie durch die Gesetzgebung der Jahre 1828—1837 geschaffen worden war (zuletzt Gesetz vom 17. Nov. 1837, die Ausscheidung der Kreislasten von den Staatslasten, und die Bildung der Kreisfonds betreffend [GBl. S. 165—176; revidiert und außer Kraft gesetzt durch das Ausscheidungsgesetz vom 23. Mai 1846, GBl. S. 45, Döll 21 S. 373]) einen wesentlichen Fortschritt für die Staatsverwaltung, so war dem Selbstverwaltungsgedanken noch kaum ein Zugeständnis gemacht; „immerhin hätte den Landräten ein etwas reichlicheres Maß von Unabhängigkeit in eigentlichen Kreisangelegenheiten zugemessen werden können". (Seydel-Piloty S. 653.) Der Ruf nach weiterer Ausgestaltung der unbefriedigenden und durchaus abhängigen Verhältnisse wurde immer lauter. Die Forderungen der Zweiten Kammer fanden aber bei der Kammer der Reichsräte wenig Gegenliebe. Eine Mehrzahl von Gesetzentwürfen blieb unerledigt. Ein umgearbeiteter Entwurf, der an den Landtag 1851/52 gelang, führte schließlich doch zu einem für das ganze Königreich geltenden Gesetze, die Landräte betr., vom 28. Mai 1852 (GBl. S. 269), das sich, abgesehen von einigen Änderungen (Ges. vom 8. Aug. 1878; Landtagsabschied vom 19. Mai 1881; pfälzisches Städteverfassungsgesetz vom 15. Aug. 1908; Umlagengesetz vom 14. Aug. 1910) und in subsidiärer Geltung zum Gesetze über die Selbstverwaltung vom 22. Mai 1919 (Art. 1: „Die beiden Gemeindeordnungen, das Gesetz über die Distriktsräte und das Gesetz über die Landräte bestehen nur noch insoweit, als sich mit diesem Gesetze verträgt. Dies gilt auch insoferne in anderen Vorschriften auf die genannten Gesetze Bezug genommen ist.") bis zum Inkrafttreten der neuen Kreisordnung vom 17. Okt. 1927 halten konnte.

Die Verfassung der Kreisgemeinden ist von jener der übrigen Gemeindeverbände so sehr verschieden, daß man den ersteren sogar die Eigenschaft von Gemeinden ganz abgesprochen und sie lediglich als Verwaltungsbezirke erklärt hat. (Seydel-Piloty S. 654 und die von ihm angeführte Literatur: K. Brater, Bl. f. adm. Praxis, V S. 126 ff. vgl. ferner A. Luthardt, [Bl. f. adm. Praxis, XXVII S. 17 Anm. 1, S. 18 Anm. 2, XXXVII S. 271], welcher mit Rücksicht auf die Verschiedenheit zwischen Ortsgemeinde einerseits, Distrikts- und Kreisgemeinde andererseits die Bezeichnung Distrikts- und Kreisverband wünscht, ein Vorschlag, der nunmehr in der neuen Rechtslehre auch Annahme gefunden hat.) Das Letztere ist (Seydel-Piloty a. a. O.) jedenfalls unrichtig. Bezüglich des ersteren Teiles der Behauptung wird entscheidend sein, ob man den Begriff der Gemeinde in einem engeren oder weiteren Sinne faßt. Dem Muster der Ortsgemeinde entspricht die Kreisgemeinde allerdings nicht. Aber immerhin sind die Kreisgemeinden gesonderte, dem Staate eingegliederte Verbände, denen bestimmte öffentlich-rechtliche Aufgaben zugewiesen sind.

Der Schwerpunkt der Bedeutung der Kreisgemeinde liegt in der Führung eines gesonderten Haushalts. Auf diesem Gebiete sind die Rechte der Kreisvertretung am weitesten bemessen. Der Haushalt der Kreisgemeinden fällt mit jenem des Staats nicht zusammen; er bleibt, wenn auch von Staatsbehörden geführt, doch ein gesonderter.

Anders liegt die Sache auf dem Gebiete der eigentlichen Verwaltungstätigkeit. Hier schwinden die Grenzen staatlicher und kreisgemeindlicher Verwaltung völlig. Es gibt zwar eine gesetzliche Ausscheidung von Staats- und Kreislasten, aber — nach dem bisherigen Landratsgesetze vom 28. Mai 1852 — keine gesetzliche Ausscheidung von Staats- und Kreisgemeindeverwaltung. Dieser Zustand erklärt sich aus der geschichtlichen Entwicklung heraus. Zu seiner Illustrierung sei auf die bemerkenswerten Ausführungen in Anm. 10 bei Seydel-Piloty S. 655 hingewiesen.

Die neue Kreisordnung vom 17. Okt. 1927 hat das bisher rechtlich und tatsächlich stark beengte Selbstverwaltungsrecht des Kreises zugunsten einer erweiterten Selbstverwaltung ausgebaut. „Der Kreis ist eine Körperschaft des öffentlichen Rechts, mit dem Rechte der Selbstverwaltung nach Maßgabe der Gesetze" (Art. I Kreisordnung). Der Kreis wird vom Kreistag und vom Kreisausschuß verwaltet, soweit nicht nach Art. 5 die Kreisregierung zuständig ist (Art. 4); im Rechtsverkehr wird der Kreis durch die Kreisregierung, im übrigen durch den Kreistagspräsidenten vertreten (Art. 7); der Kreisausschuß entscheidet endgültig über Geldausgaben und Übernahme von Verbindlichkeiten aller Art in der Verwaltung der Anstalten, Unternehmungen, Einrichtungen, des sonstigen Vermögens des Kreises, soweit im Voranschlag die Beschlußfassung im einzelnen Falle dem Kreisausschuß vorbehalten worden ist oder soweit der Voranschlag überschritten wird und ein dringender Fall vorliegt. (Art. 19 Abs. I.) Die der Beschlußfassung des Kreisrates vorbehaltenen Angelegenheiten enthält Art. 24. Die Staatsaufsicht (Art. 34 mit 36) hat eine genauere Fassung ihrer Befugnisse erfahren.

Die neue Kreisordnung ist gegenüber dem (durch Art. 45 aufgehobenen) Landratsgesetz vom 28. Mai 1852 und Kreislastenausscheidungsges. vom 23. Mai 1846 als Fortschritt im Ausbau des — nach der Natur der Sache schon in enge Schranken gelegten — Selbstverwaltungsrechtes der Kreisgemeinde zu betrachten.

Anhangweise seien, insbesondere im Hinblick auf die immer wieder betonte „Staatsvereinfachung", die auch einen Abbau der Kreisregierungen vorsieht, die die letzten hundert Jahre vorgenommenen Kreiseinteilungen Bayerns angeführt.

Gemäß AV. vom 21. Juni 1808, die Territorialeinteilung des Königsreichs Baiern betr. (RBl. S. 1481, Döll. 1 S. 309) wurde das „gesammte Reich" in folgende Kreise eingeteilt:

1. Mainkreis mit der Hauptstadt Bamberg.
2. Pegnitzkreis mit der Hauptstadt Nürnberg.
3. Nabkreis mit der Hauptstadt Amberg.
4. Rezatkreis mit der Hauptstadt Ansbach.
5. Altmühlkreis mit der Hauptstadt Eichstätt.
6. Der Oberdonaukreis mit der Hauptstadt Ulm.
7. Der Lechkreis mit der Hauptstadt Augsburg.
8. Der Regenkreis mit der Hauptstadt Straubing.

9. Der Unterdonaukreis mit der Hauptstadt Passau.
10. Der Isarkreis mit der Hauptstadt München.
11. Der Salzachkreis mit der Hauptstadt Burghausen.
12. Der Illerkreis mit der Hauptstadt Kempten.
13. Der Innkreis mit der Hauptstadt Innsbruck.
14. Der Eisackkreis mit der Hauptstadt Brixen.
15. Der Etschkreis mit der Hauptstadt Trient.

Eine neue Kreiseinteilung wurde geschaffen durch die AV. vom 23. Sept. 1810, die Territorialeinteilung des Königreichs betr. (RBl. S. 809, Döll. 1 S. 313.) Der Regnitz-, Naab-, Altmühl-, Lech-, Eisack- und Etschkreis sind hiebei in Wegfall gekommen, so daß die Einteilung des Reiches in 9 Kreise erfolgte, nämlich:

1. in den Mainkreis,
2. „ „ Rezatkreis,
3. „ „ Regenkreis,
4. „ „ Oberdonaukreis,
5. „ „ Unterdonaukreis,
6. in den Illerkreis,
7. „ „ Isarkreis,
8. „ „ Salzachkreis,
9. „ „ Innkreis.

Neue Gebietserwerbungen und Veränderungen bedingten eine veränderte Kreiseinteilung. An die Stelle der bisherigen Generalkommissariate treten nunmehr die Kreisregierungen: Allerh. V. vom 27. März 1817, die Formation, den Wirkungskreis und den Geschäftsgang der obersten Verwaltungsstellen in den Kreisen betr. (RBl. S. 233, Döll. 1 S. 406).

Die AV. vom 20. Febr. 1817 teilte das Königreich in acht Kreise (RBl. S. 113, Döll. 1 S. 328):

I. Isarkreis. Der Sitz des Generalkommissariats und des Appellationsgerichts ist in München.
II. Unter-Donaukreis. Der Sitz des Generalkommissariats ist in Passau und der Sitz des Appellationsgerichts in Straubing.
III. Regenkreis. Der Sitz des Generalkommissariats ist in Regensburg und der Sitz des Appellationsgerichts in Amberg.
IV. Ober-Donaukreis. Der Sitz des Generalkommissariats ist in Augsburg und der Sitz des Appellationsgerichts in Neuburg.
V. Rezatkreis. Der Sitz des Generalkommissariats und des Appellationsgerichts ist in Ansbach.
VI. Ober-Mainkreis. Der Sitz des Generalkommissariats ist in Baireuth und der Sitz des Appellationsgerichts in Bamberg.
VII. Unter-Mainkreis. Der Sitz des Generalkommissariats und des Appellationsgerichts ist in Würzburg.
VIII. Rheinkreis. Der Sitz des Generalkommissariats ist in Speyer, der Sitz des Appellationsgerichts in Zweibrücken.

Eine neue Kreiseinteilung wurde verfügt mit Allerh. V. vom 29. Nov. 1837, die Einteilung des Königreichs Bayern betr. (RBl. S. 793, Döll. 21 S. 35.)

Das Königreich Bayern blieb in acht Kreise eingeteilt, die acht Kreise des Königreichs nehmen folgende Benennungen an:

I. Oberbayern,
II. Niederbayern,
III. Pfalz,
IV. Oberpfalz und Regensburg,
V. Oberfranken,
VI. Mittelfranken,
VII. Unterfranken und Aschaffenburg,
VIII. Schwaben und Neuburg.

Die Kreise oder vielmehr Regierungsbezirke (vgl. die Bek. vom 17. Jan. 1838) sind durch die V. vom 19. Juni 1879 geändert worden und bestehen nunmehr aus den in der Beilage zur VO. vom 19. Juni 1879 aufgezählten Bezirksamtsbezirken und den innerhalb der Regierungsbezirke gelegenen unmittelbaren Städten. (Königlich Allerhöchste V. vom 19. Juni 1879, den Bestand der Regierungsbezirke und Bezirksämter betr. [GVBl. S. 665, KrMVBl. S. 291]).

IV. Rechtsquellen der Polizeiverwaltung.

Die Tätigkeit der Polizei ist im Rechtsstaate zum Schutze der Staatsbürger gegen willkürliche Eingriffe mit gesetzlichen Schranken umgeben, die im Polizeirechte zusammenfließen. Allgemeine Rechtsquellen sind das Gesetzesrecht — Verordnungen, die auf Grund der staatlichen Gewalt durch dazu berufene Gesetzgeber erlassen sind — und das Gewohnheitsrecht. Unter Gewohnheitsrecht (Observanz) versteht man ungesetztes Recht, d. h. Rechtssätze, die durch Überlieferung und Herkommen (Gewohnheit) festgelegt sind, wobei sich diese Rechtssätze mit der Überzeugung von ihrer Notwendigkeit bei der Gesamtheit des Volkes oder bestimmter Volkskreise decken müssen. Vielfach ist noch als Rechtsquelle angesehen die Autonomie, d. h. die auf Grund des Selbstverwaltungsrechts der Gemeinden und Gemeindeverbände möglichen örtlichen Vorschriften und Satzungen. Sie bilden eine Art modernen Partikularrechts.

Die gemeindlichen Statuten als Gesetzgebungsakte der Gemeinde in ihrem eigenen Wirkungskreise sind von den ortspolizeilichen Vorschriften zu unterscheiden, welch letztere Gesetzgebungsakte der Gemeinde im übertragenen Wirkungskreise sind. (Seydel-Piloty S. 523, A. A. Woerner S. 415.)

Erst der Verfassungs- und Rechtsstaat schafft ein Verwaltungsrecht. Der Verfassungsstaat bringt die Trennung der Staatsgewalt in die gesetzgebende und vollziehende Gewalt. Der Rechtsstaat beschränkt die vollziehende Gewalt in ihrer Macht gegenüber den Staatsbürgern durch Bindung an die von der gesetzgebenden Gewalt aufgestellte Rechtsordnung und sichert die Gesetzmäßigkeit der Verwaltung durch die Schaffung unabhängiger Verwaltungsgerichte. Die Staatsbürger werden von bloßen Verwaltungsobjekten zu „Rechtssubjekten" erhoben. (Kneuer S. 7.)

Als grundlegende Verwaltungsrechtsquellen sind zu nennen:

a) die Reichsverfassung vom 11. Aug. 1919, RGBl. S. 1383,

b) für Bayern die bayerische Verfassungsurkunde vom 14. Aug. 1919, GVBl. S. 531.

Polizeigebote oder -Verbote müssen sich inhaltlich stets unmittelbar oder mittelbar auf eine gesetzliche Bestimmung stützen. Für die behördliche Zuständigkeit zum Erlasse polizeilicher Einzelanordnungen, mögen dieselben gegen eine einzelne Person oder gegen eine Mehrheit von Personen im Einzelfalle sich richten, entscheidet zunächst die etwa vorhandene gesetzliche Bestimmung. Soweit eine solche fehlt, fällt die Feststellung dieser Zuständigkeit in den Bereich der Organisationsgewalt. Soweit auch die organisatorischen Vorschriften über die behördlichen Zuständigkeiten keine Richtschnur geben, liegt in der Befugnis zum Erlasse von Polizeiverordnungen die Befugnis darüber zu bestimmen, wer berufen sein soll, die Einzelanordnungen zu deren Vollzuge zu treffen. (Seydel-Graßmann S. 219.)

Die im Rechtsstaate für die Polizei zur Ausübung ihrer obrigkeitlichen Tätigkeit erforderliche gesetzliche Grundlage ist vor allem zu erblicken (Anschütz III S. 469) in jenen Gesetzesbestimmungen, welche in einigen deutschen Ländern (Preußen, Baden, Hessen) den Begriff der Polizei und damit die Grenzen der Polizeigewalt feststellen. So ist insbesondere der Polizei-Paragraph des preußischen ALR., § 10, II, 17 als Generalermächtigung zum Erlaß von Polizeibefehlen anzusehen. Darnach hat die Polizei das Recht und die Pflicht, mit Geboten und Verboten in die Freiheit der Staatsbürger einzugreifen, soweit dieses im einzelnen Falle zur Aufrechterhaltung der öffentlichen Ruhe, Sicherheit und Ordnung und zur Abwendung der der Allgemeinheit oder den einzelnen drohenden Gefahren erforderlich ist. Gegenstand polizeiordnungsmäßiger Regelung sind nicht einzeln aufgezählte Betätigungsmöglichkeiten der persönlichen Freiheit, sondern grundsätzlich alle, mit der selbstverständlichen Maßgabe, daß keine Polizeiverordnung einem Gesetze oder der Anordnung einer höheren Instanz zuwiderlaufen darf. Die Grenze der polizeilichen Gewalt bildet hiernach einzig die allgemeine sachliche Zuständigkeit der Polizeibehörde, das „Amt der Polizei" (§ 10 II 17 ALR.); die Verordnungsgewalt reicht nach Inhalt und Form soweit wie die Verfügungsgewalt.

Der gleiche Grundsatz der Generalermächtigung gilt in anderen deutschen Staaten, namentlich auch da, wo es, wie z. B. in Sachsen, an einer geschriebenen Norm über die allgemeinen Befugnisse der Polizei fehlt; die Generalklausel der polizeilichen Befehlsgewalt ist dort ein Satz des Gewohnheitsrechts (Anschütz III S. 458; Fleiner, Institutionen 340, 341; Rosin im Wörterbuch St. u. VerwR. 3, 106; W. Jellinek S. 272). Neben und vor die Generalklauseln treten Spezialgesetze, welche jene erweitern und verengern, oder sie auch ganz ausschalten. So ist z. B. durch das preußische Gesetz gegen die Verunstaltung von Ortschaften und landschaftlich hervorragender Gegenden vom 2. Juni 1902, bzw. 15. Juli 1907 die Zuständigkeit der Polizei auf das ihr sonst fremde Gebiet der Schönheitspflege ausgedehnt worden; umgekehrt schränkt § 1 Abs. 2 des Reichsvereinsgesetzes vom 19. April 1908 die „allgemein sicherheitspolizeilichen Bestimmungen des Landesrechts" der Versammlungsfreiheit gegenüber erheblich ein und der Preßfreiheit gegenüber sind jene sicherheitspolizeilichen Bestimmungen, an ihrer Spitze der § 10 II 17 ALR., sogar gänzlich beseitigt. (Anschütz, preußische VerfUrk. I S. 504 ff., 509, 523.)

Enger ist das Polizeiverwaltungsrecht beschränkt in Bayern, Württemberg und Baden. Hiernach gilt überall das System der Spezialdelegation; die Polizeistrafgesetzbücher dieser drei Staaten (bayer. Polizeistrafgesetzbuch vom 26. Dez. 1871; württembergisches PStGB. vom 27. Dez. 1871; badisches vom 31. Okt. 1863) normieren, in Ergänzung des 29. Abschnitts des RStGB., die Tatbestände zahlreicher Übertretungen, und zwar die einen vollständig und erschöpfend, andere unvollständig, d. h. so, daß mit Strafe bedroht wird die Zuwiderhandlung gegen polizeiliche Verordnungen („Vorschriften") über einen bestimmten Gegenstand. Diese letzteren Bestimmungen, Blankettstrafgesetze im Sinne der strafrechtlichen Ermächtigungen zum Erlaß von Rechtsverordnungen im Sinne der staatsrechtlichen Theorie, bilden (zusammen mit denjenigen Vorschriften des RStGB., Abschn. 29, welche auf polizeiliche Verordnungen oder Vorschriften hinweisen), die ausschließliche Grundlage für den Erlaß von Polizeiverordnungen in den süddeutschen Staaten. Derartige Bestimmungen sind im Reichsstrafgesetzbuche zahlreich enthalten: §§ 360 Ziff. 9, 12; 366 Ziff. 1, 10; 366a; 367, Ziff. 2, 5, 5a, 9, 14, 15, 16; 368 Ziff. 1, 28 u. a. Die Behörden sind hier nur zur Normformulierung, nicht zur Strafandrohung ermächtigt. Die so gezogene Grenze kann allerdings in Bayern und Baden „im Falle außerordentlicher Vorkommnisse" überschritten werden: In diesem Falle, also unter dem Eindruck eines Notstandes, — staatl. Notwehr —, Notwehrhilfe — und Notstandsrecht —, können Polizeiverordnungen auch über solche Materien erlassen werden, welche in den Spezialdelegationen des PStGB. nicht erwähnt sind. (Bayer. PStGB. Art. 9; badisches PStGB. § 29.)

Auch das Reich hat Ermächtigungen zum Erlasse von Polizeiverordnungen erteilt und ist dabei bald der preußischen, bald der süddeutschen Gesetzgebung gefolgt. (RStGB. § 145; GewO. §§ 120e, 147 Ziff. 4; RG. vom 14. Mai 1879 §§ 6, 8 u. a.)

Früher gehörte die Polizei in die ausschließliche Zuständigkeit der Länder. Artikel 9 Reichsverf. reiht sie nun in die Bedarfskompetenz des Reiches ein, soweit nicht Art. 7 RV. ausdrücklich bestimmte Gebiete der konkurrierenden Gesetzgebungskompetenz zuweist. Soweit die ausschließliche Gesetzgebungskompetenz des Reichs (Art. 6 RV.) gegeben ist, ist ein Landesgesetz nur bei ausdrücklicher reichsrechtlicher Delegation möglich. Aus dem Rechtsbereich der inneren Verwaltung sei hier beispielsweise hingewiesen auf: Staatsangehörigkeit, Freizügigkeit, Ein- und Auswanderung und Auslieferung. Auf dem Gebiete der konkurrierenden Gesetzgebungskompetenz des Reichs und der Länder (Art. 7 und 8 der RV.) steht die Gesetzgebung dem Lande zu, solange und soweit das Reich von seinem Gesetzgebungsrecht keinen Gebrauch gemacht hat. (Art. 12 RV.) Beispielsweise seien hier genannt: Paßwesen, Fremdenpolizei, Armenwesen und Wanderfürsorge, Vereins- und Versammlungswesen, Bevölkerungspolitik, Arbeitsrecht, Enteignungsrecht, Bank- und Börsenwesen, Gewerbe- und Bergbau, Theater- und Lichtspielwesen. Auf dem Gebiete der Bedarfskompetenz des Reichs (Art. 9 RV.) hat das Reich die Gesetzgebung, soweit ein Bedürfnis für den Erlaß einheitlicher Vorschriften vorhanden ist (Wohlfahrtspflege, Schutz der öffentl. Ordnung und Sicherheit u. a.). Von dieser Zuständigkeit hat das Reich bisher kaum Gebrauch gemacht. In Frage kommen hier das Reichskriminal-Polizeigesetz vom 21. Juli 1922 (RGBl. I S. 593) zur Bekämpfung des Verbrechertums, das sein Tätigkeitsfeld nicht auf bestimmte Landesgebiete beschränkt. Es soll in Berlin ein Reichskriminal-Polizeiamt errichtet werden, das dem Reichsministerium des Innern unterstellt ist. Es soll den einzurichtenden Landeskriminal-Polizeiämtern und deren Vollzugsorganen, den Landeskriminal-Polizeistellen, Richtlinien für die Geschäftsführung geben und für eine einheitliche Zusammenarbeit sorgen. Vergleiche ferner das Ges. vom 11. März 1922 (RGBl. I S. 710) betreffs Überführung von Kriegerleichen; das Entwaffnungsgesetz vom 7. Aug. 1920 (RGBl. 1553) u. a. (Stier-Somlo, Polizei, Polizeirecht, Handwörterbuch der Rechtswissenschaft, Bd. IV, Berlin und Leipzig 1927.)

Soweit dem Reiche die Normengesetzgebungs-Kompetenz zusteht (Art. 10 und 11 RV.), kann das Reich Grundsätze im Wege der Gesetzgebung aufstellen. Einschlägig sind hier aus dem Rechtsgebiete der inneren Verwaltung: Rechte und Pflichten der Religionsgesellschaften, Schulwesen einschl. Hochschulwesen und wissenschaftliches Büchereiwesen, Beamtenrecht, Bodenrecht, Bodenverteilung, Ansiedlungs- und Heimstättenwesen, Wohnungswesen, Bevölkerungsverteilung, Bestattungswesen u. a.

Das Reich kann demnach so ziemlich die ganze Verwaltungsgesetzgebung erfassen und die Landesbehörden zu Vollzugsorganen herabdrücken. (Kneuer S. 117, 12.)

Ihrer Natur nach können die Verwaltungsrechtssätze, auch soweit sie polizeilichen Charakter tragen, kein systematisches Gefüge bilden, da sie sich nur nach dem Zusammenhange des Zweckes, welchem sie dienen, gruppieren lassen. Auf sicherheitspolizeilichem Gebiete seien aufgeführt: Aufruhr, Auflauf, Belagerungszustand, Waffentragen, Paß- und Meldewesen, Aufenthaltsrecht, Fremdenpolizei, Gesundheits- und Veterinärwesen, Baurecht, Wasserrecht, usw. Nur die stete Rücksichtnahme auf den Zusammenhang der Rechtssätze mit den einzelnen Verwaltungsbedürfnissen und der letzteren unter sich vermag in das Chaos, welches die unzähligen und sich immer erneuernden und vervielfachenden Verwaltungsvorschriften dem ersten Blicke bilden, Ordnung zu bringen. (Staatslexikon V S. 513.)

Die Polizeiverfügungen — im weiteren Sinne genommen — enthalten einen obrigkeitlichen Befehl an die Gewaltunterworfenen ein Gebot oder Verbot, und bedürfen zu ihrer Begründung eines Rechtstitels, der Bezugnahme auf eine bestimmte Rechtsvorschrift. (Seydel-Graßmann S. 219, M. Rosin, Das Polizeiverordnungsrecht in Preußen, 1895, P. Laband, Deutsches RStR. 6. Aufl., S. 156, Reger, Samml. 19 S. 170, Entsch. des Oberst. LG. i. StrS. 3 S. 61; anders G. Meyer, Lehrbuch des deutschen Staatsrechts, 3. Aufl. S. 531 f., hierzu Anschütz in der 6. Aufl. des Staatsrechtes von Meyer, § 178/3; Thoma, Polizeibefehl I S. 162, Fleiner, Institutionen des deutschen Verwaltungsrechtes, 2. Aufl., Tübingen 1912, S. 158.)

Das PolizeiStGB. erkennt diesen Grundsatz an, wenn es in Art. 1 Abs. III sagt: „Die Zuständigkeit zur Erlassung der zulässigen polizeilichen Anordnungen, Gebote und Verbote an einzelne Personen oder in bestimmten Fällen richtet sich, soweit das Gesetz nicht hierüber Vorschriften enthält, nach den bestehenden oder künftig zu erlassenden Vorschriften über die Zuständigkeit der Behörden.“

Ebenso sagt in § 33 die Zuständigkeitsverordnung vom 4. Jan. 1872, die zum RStGB. und zum PStGB. erging: „Die Zuständigkeit zur Erlassung der gesetzlich statthaften polizeilichen Anordnungen, Gebote und Verbote an einzelne Personen oder in bestimmten Fällen richtet sich, soweit nicht das Gesetz oder die gegenwärtige VO. hierüber maßgibt, nach den über die Zuständigkeit der Behörden bestehenden allgemeinen Normen oder den zu einzelnen Paragraphen oder Artikeln des Strafgesetzbuches bzw. Polizeistrafgesetzbuches besonders erlassenen Verordnungen oder Polizeivorschriften.“ (Seydel-Graßmann S. 219.)

Die Quellen des Verwaltungsrechts — nachstehende Ausführungen in Anlehnung an Kneuer S. 11 ff. — sind vierfach: Das verfassungsmäßige Gesetz. Die Rechtsordnung. Das autonome Statut. Das Gewohnheitsrecht.

Auf die für Reich und Bayern geltenden Grundgesetze und die Einzelgesetze, sowie auf die Gesetzgebungskompetenz von Reich und Land, auf die im Vorstehenden bereits verwiesen wurde, soll hier nicht weiter eingegangen werden.

Die wichtigste Verwaltungsrechtsquelle abgeleiteter Art ist die Rechtsverordnung. In ihr stellt die Staatsgewalt als vollziehende Gewalt allgemeine Rechtssätze für das Verhältnis zwischen der öffentlichen Gewalt und den Staatsgenossen auf. Die Befugnis hiezu leitet sich von einer ausdrücklichen allgemeinen oder besonderen Ermächtigung durch die gesetzgebende Gewalt ab (§ 61 Ziff. 7 VerfUrk.).

Die regelmäßigen Rechtsverordnungen sind die Ausführungsverordnungen, die Rechtsvorschriften zum Vollzug von Reichs- oder Landesgesetzen enthalten (und hier nicht weiter behandelt werden sollen), dann die Polizeirechtsverordnungen.

Polizeirechtsverordnungen sind hypothetische, allgemeinverbindliche Rechtsvorschriften, die von den Polizeibehörden zum Schutz des physischen Bestands des Staats und der sonstigen Gemeinwesen sowie ihrer wirtschaftlichen und kulturellen Werte erlassen sind und zu diesem Zweck gewisse Handlungen unter Strafandrohung gebieten oder verbieten. Sie bedürfen nach § 61 Ziff. 7 und 16 VerfUrk. stets „besonderer" gesetzlicher Ermächtigung. Man unterscheidet zwei Arten: Die Polizeirechtsverordnungen im engeren Sinne und die ober-, bezirks- und ortspolizeilichen Vorschriften. Die Rechtsgrundlage für die Polizeirechtsverordnungen im engeren Sinne ist in Art. 1 und 8 PStGB. und § 61 Ziff. 7 VerfUrk. gegeben.

Die polizeilichen Vorschriften teilen sich in Oberpolizeiliche Vorschriften, Art. 7 PStGB., Bezirkspolizeiliche Vorschriften, die in Art. 4 PStGB. ihre Rechtsgrundlage finden und von den Bezirkspolizeibehörden erlassen werden: Den Bezirksämtern, bzw. den Polizeidirektionen München und Nürnberg-Fürth sowie den Stadträten der unmittelbaren Städte, sowie in Ortspolizeiliche Vorschriften, die auf Art. 3, 4 und 5 PStGB. und Art. 155, 51 Abs. II, 54 Abs. III GO. beruhen. Zuständig zum Erlaß der ortspolizeilichen Vorschriften nach Maßgabe der Gesetze ist nach Art. 51 Abs. II GO. der Gemeinderat, der orts- und bezirkspolizeilichen Vorschriften in kreisunmittelbaren Gemeinden (Art. 54 Abs. III GO.) der Gemeinderat oder ein beschließender Ausschuß (Senat). Auf die ausnahmliche Zuständigkeit der Staatsbehörde nach Art. 52 und Art. 55 GO. sei hingewiesen.

Die Rechtsgrundlage für die außerordentlichen Rechtsverordnungen (Polizeirechtsverordnungen), die regelmäßig den Schutz des physischen Bestandes des Staates und der sonstigen Gemeinwesen bezwecken, bildet, soweit es sich um Notverordnungen des Gesamtministeriums handelt, § 61 Ziff. 7 VerfUrk. und Art. 9 PStGB. Stehen Ausnahmeverordnungen, d. h. bei Verhängung des Ausnahmezustandes von der vollziehenden Gewalt in Verordnungsform getroffene Anordnungen in Frage, so ist die Rechtsgrundlage, wenn der Ausnahmezustand vom Reichspräsidenten verhängt wird, Art. 48 Reichsverfassung, während die Landesregierung den Ausnahmezustand als reichsrechtliche einstweilige Maßnahme bei Gefahr im Verzug auf der Grundlage des Art. 48 Abs. IV Reichsverfassung, also im Namen des Reichs (bestr.), als eigentliche landesrechtliche Maßnahme auf der Grundlage des § 64 VerfUrk. verhängt.

Das autonome Statut ist Verwaltungsrechtsquelle abgeleiteter Art; in ihm stellen die vom Staate mit öffentlicher Gewalt ausgestatteten Gemeinwesen auf Grund des ihnen verliehenen eigenen Selbstverwaltungs- und Gesetzgebungsrechts Rechtssätze in Form von Satzungen zur Regelung ihrer Angelegenheiten auf.

Gewohnheitsrecht ist das aus der langjährigen gleichmäßigen tatsächlichen Übung (Gewohnheit) entstandene Recht; es spielt im Verwaltungsrechte nur eine beschränkte Rolle. Es gilt hauptsächlich für die ursprünglich zivilrechtlichen, später öffentlich-rechtlich gewordenen Rechtsverhältnisse, die unter der früheren zivilrechtlichen Ordnung bereits durch Gewohnheitsrecht geregelt waren. Dieses Gewohnheitsrecht besteht auch als öffentlich-rechtliches fort.

Herkommen ist örtlich und persönlich begrenztes Gewohnheitsrecht. Die Gewohnheitsrecht erzeugende Übung beschränkt sich auf einen bestimmten persönlich oder örtlich begrenzten Kreis, z. B. Gemeindenutzungsberechtigte, vgl. Art. 35 GO.

Nicht damit zu verwechseln ist die unvordenkliche Verjährung. Während das Herkommen als Gewohnheitsrecht innerhalb eines bestimmten Kreises „alle" Rechtsverhältnisse beherrscht, gibt die unvordenkliche Verjährung lediglich einen Rechtstitel für das Recht oder die Verpflichtung eines „Einzelnen" ab. VGH. 21, 126.

Für die Entstehung des Herkommens sind grundsätzlich die materiellrechtlichen Vorschriften des an dem fraglichen Ort geltenden Zivilrechts maßgebend. (VGH. 12 197, Reger, E. **31**, 431, **18**, 232.) Art. 35 GO. legt dagegen die gesetzlichen Voraussetzungen für die Annahme rechtsbegründeten Herkommens ausdrücklich selbst fest. Gegenüber einer positiven Vorschrift des öffentlichen Rechts kann sich ein entgegengesetztes Herkommen nur bilden, wenn dies im Gesetz zugelassen ist. (VGH. **21**, 103, 111; **5**, 210; **10**, 338; **14**, 336.)

Die durch feststehende Rechtssprechung geschaffenen Rechtsgrundsätze wirken zwar tatsächlich ähnlich wie Gewohnheitsrecht, sind aber keines. Die Verwaltung ist an den Rechtsgrundsatz überhaupt nicht gebunden, sondern nur an die Entscheidung des einzelnen Falls, aber auch für die Gerichte besteht nur eine ganz beschränkte rechtliche Bindung.

Die Polizei übt die ihr übertragene Polizeigewalt insbesondere aus auf dem Wege der Polizeirechtsverordnung und Polizeiverfügung, als deren Hauptarten wir den Polizeibefehl und die Polizeierlaubnis unterscheiden. Polizeiverordnung ist eine im öffentlichen Interesse ergehende, sich an die Allgemeinheit wendende und diese rechtlich bindende, Gebote und Verbote und eine Strafandrohung enthaltende allgemeine Vorschrift der Polizeibehörde (Stier-Somlo S. 532). Im Gegensatz zu der Verwaltungsverfügung, welche ein Verwaltungsakt ist, erscheint die Polizeiverordnung als eine Rechtsquelle, sie bringt also den eigenartigen Rechtszustand in die Erscheinung, daß die Polizei auch eine rechtssetzende Funktion hat, demnach im weiten Umfange an Stelle der gesetzgebenden Gewalt tritt. Die Lehre von der Teilung der Gewalten (Montesquieu) ist also überholt. Die Entwicklung hatte seinerzeit dazu geführt, die staatliche Macht (und die staatlichen Aufgaben) in drei große Hauptgebiete zu zerlegen: 1. Die

Gesetzgebung, 2. die Verwaltung, 3. die Rechtsprechung, oder, wie man im Anschluß an die grundlegende französische Theorie oft noch sagt: **pouvoir législatif, pouvoir exécutif, pouvoir judiciaire.** Diese ganze Lehre hat sich über hundert Jahre lang eines fast kanonischen Ansehens erfreut. Heute kann vom Standpunkt wissenschaftlicher Erkenntnis aus die Dreigliederung in absoluter Reinheit nicht mehr aufrecht erhalten werden. Die Grenzen verschwimmen. Man hat erkannt, daß die richterliche Tätigkeit gesetzgeberähnliche Funktionen übernehmen kann, und daß sie an manchen wichtigen Stellen, vor allem in der sogen. Freiwilligen Gerichtsbarkeit, nahezu in „Verwaltung" übergeht. Umgekehrt hat sich die Verwaltung nach und nach ihre eigene „Gerichtsbarkeit" geschaffen, die zwar aus der alten klassischen Gerichtsbarkeit vieles entlehnt hat, namentlich manche „Garantien", aber doch auf dem Verwaltungsboden stehen geblieben ist. Und schließlich hat die Gesetzgebung vielerorts einen solchen Grad der Zersplitterung und eine solche Auflockerung in rasch wechselnde „Verordnungen" erlebt, daß man deutlich an die „verwaltende" Tätigkeit erinnert wird, wozu sich auch gelegentlich ein gerichtliches Gebaren der Parlamente (politische Untersuchungsausschüsse usw.) gesellt. (Hedemann S. 293/94.)

Materiell ist die Polizeiverordnung Gesetz. Die angedrohten Strafen sind nicht Exekutivstrafen, sondern wahre Kriminalstrafen, auf welche im Verwirkungsfalle der ordentliche Richter, die Polizeibehörde aber nur insoweit erkennt, als sie zum Erlaß von Strafverfügungen gegen Übertretungen durch Reichs- und Landesgesetz (RStPO. § 453, preuß. Ges. vom 23. April 1883) ermächtigt ist.

Unter Polizeibefehl wird die verfügungs-, nicht die verordnungsmäßige Handhabung der Polizeigewalt verstanden: Die Handhabung der Polizei durch Gebote und Verbote. Die Polizeierlaubnis steht im Gegensatz zum Polizeibefehl. Der Polizeibefehl beschränkt die Freiheit des Adressaten, die Polizeierlaubnis löst sie aus.

Trotz der starken historischen Einengung ist der Polizei noch immer ein überreiches Wirkungsfeld geblieben. Sie steht jeweils vor den verschiedenen (Bau-, Wege-, Straßen-, Feuer-, Fremden-, Gewerbe-, Gesundheits-, Sitten-, Kriminal- und Sicherheitspolizei) Verwaltungsgebieten. Die Rechtsgrundlagen für die einzelnen polizeilichen Tätigkeiten könnten nur im Zusammenhang mit den einzelnen Rechtsvorschriften, welche dem Eingriffe der Polizei die gesetzliche Ermächtigung erteilen, aufgezeigt werden.

Wo in der Gemeindeordnung der Begriff „Ortspolizei" gebraucht ist, ist darunter der Vollzug der Gesetze und Verordnungen zu verstehen, welche Zwangsmaßnahmen gegen einzelne Personen zulassen, einschließlich der Erlassung ortspolizeilicher Vorschriften. Die polizeilichen Maßnahmen lassen sich im einzelnen nicht aufzählen, sie zerfallen in zwei große Gruppen, die vorbeugenden und die bekämpfenden Maßnahmen. Die ersteren sollen Schädigungen der Allgemeinheit verhüten, die letzteren eingetretene Schädigungen, soweit sie noch andauern, beseitigen, im übrigen aber durch Verwarnung oder Strafanzeige usw. die Wiederholung solcher Handlungen durch sie oder durch andere Personen verhüten. Die Befugnisse der Gemeinden bei der Handhabung der Ortspolizei ergeben sich aus den allgemeinen Vorschriften des AG. z. StPO. Art. 102, des PStGB. Art. 19—21 und aus zahllosen einzelnen Vorschriften, die, wollen wir nicht eine Gesetzesstatistik vorführen, hier nicht näher behandelt werden können. (Woerner S. 412.)

V. Zuständigkeiten auf dem Gebiete der Polizeiverwaltung.

Die Zuständigkeit zur Erlassung von Anordnungen, Geboten und Verboten richtet sich, soweit sich nicht einzelne Verwaltungsgesetze selbst darüber aussprechen, nach den allgemeinen Zuständigkeitsverordnungen, insbes. dem Polizeistrafgesetzbuche und der Zuständigkeitsverordnung vom $\frac{\text{4. Juli 1872}}{\text{26. Nov. 1915 / 17. Jan. 1910}}$ mit späteren Änderungen. Art. 23 des Bayer. SelbstverwGes. ist mit diesem selbst durch Art. 164 Ziff. 3 der Bayer. GO. vom 17. Okt. 1927 als Zuständigkeitsnorm aufgehoben.

Die Verwaltung ist kraft gesetzlicher Delegation zuständig, allgemeine Rechtsnormen in Form von Polizeiverordnungen zur Ausführung von Gesetzen zu erlassen. Auch die Gerichte haben außer der ihnen prozeßrechtlich (namentlich im Polizeistrafrechte) zukommenden Prüfung der Verwaltungsverfügungen, soweit es die Entscheidungen des konkreten Falls bedingt, vielfach begriffliche Verwaltungsangelegenheiten zu besorgen; es sei hier nur an die freiwillige Gerichtsbarkeit gedacht.

Den Verwaltungsbehörden kommt im Bereiche des öffentlichen Rechts eine ausgedehnte richterliche Tätigkeit zu. Nicht nur, daß die Trennung der „bürgerlichen" Prozeß-Sachen, welche vor den Gerichten zu behandeln sind, und den „Verwaltungsstreitigkeiten" durchaus nicht allenthalben nach rein logischen, abstrakten Begriffsmerkmalen sich durchführen läßt, wirkt auch hier die frühere Vereinigung von Justiz und Polizei noch in weitem Umfange nach, während das Hemmnis für die Rechtssprechung innerhalb der Verwaltungsorgane selbst, nämlich der Mangel an unabhängigen Gerichten, erst die letzten Jahrzehnte und auch da zumeist nur teilweise aufgehoben wurde. Daher gibt es mehrfache streitige Grenzgebiete und bedarf es einer besonderen Einrichtung, um die entstehenden Zuständigkeitsstreitigkeiten zu schlichten (Kompetenzgerichtshof). (Staatslexikon V S. 519.)

In Bayern sind Polizei-Verwaltungsbehörden (Ober-, Bezirkspolizei- und Polizeiaufsichtsbehörden) die Regierungen, K. d. Inn. und die diesen unterstellten Bezirksverwaltungsbehörden: Die Bezirksämter und die Stadträte der unmittelbaren Städte.

Oberste Polizeibehörden für das ganze Land sind die Ministerien. Oberste Polizeibehörde ist grundsätzlich das Staatsmin. d.

Innern. (§ 74 Formationsverordnung für die Ministerien vom 9. Dez. 1825.) Für die bestimmten den Fachministerien zugewiesenen Aufgaben sind diese die Oberste Polizeibehörde.

Oberpolizeibehörden sind die Kreisregierungen, K. d. J. (§ 57 Formationsverordnung für die Regierungen vom 27. Dez. 1825.) Sie sind Vollzugsbehörden der Zentralstellen und Aufsichtsbehörden der unterstellten Polizeibehörden, insbesondere auch Beschwerde-Instanz in Polizeisachen.

Unter-Behörden (äußere Behörden) sind für die allgemeine Landesverwaltung die Bezirkspolizeibehörden. Die regelmäßigen Bezirkspolizeibehörden sind:

1. die Bezirksämter, VO. vom 21. Dez. 1908, §§ 1 und 2,
2. in den unmittelbaren Städten der Stadtrat oder ein beschließender Ausschuß (Senat) Art. 54 Abs. 2—4 GO., vgl. auch Art. 39 BezO.

Man faßt die Bezirksämter und die Gemeinderäte der kreisunmittelbaren Gemeinden unter den Bezeichnungen „Bezirksverwaltungsbehörden", „Bezirkspolizeibehörden" zusammen.

Als unterste Stellen kommen infolge der vielfachen Übertragungen staatlicher Obliegenheiten innerhalb der staatlichen Verwaltungsorganisation die örtlichen Gemeindebehörden in Betracht. (Nach Kneuer, S. 125 ff.)

In den mittelbaren Gemeinden erläßt die ortspolizeilichen Vorschriften der Gemeinderat; für die Erledigung der ortspolizeilichen Geschäfte ist der erste Bürgermeister persönlich verantwortlich. Er handelt bei Geschäften der Ortspolizei nicht namens oder als Vertreter des Gemeinderats, sondern kraft eigener Befugnis als selbständige Behörde (Woerner S. 416, Kahr 1, 915). Über unmittelbare Anordnungen der Staatsbehörden bei Gefahr im Verzuge vgl. Art. 51 Abs. III Satz 3.

Art. 1 des PStGB. unterscheidet zwischen „Verordnungen", die nach Bayer. Verwaltungsrechte vom Gesamtstaatsministerium erlassen werden, soweit nicht im gegebenen Falle ein Einzelministerium zuständig ist (§ 61 Ziff. 7 Verf.-Urk.) und zwischen ober-, bezirks- und ortspolizeilichen „Vorschriften". Die oberpolizeilichen Vorschriften werden je nach ihrem Geltungsbereich und ihrer Bedeutung entweder von den zuständigen Ministerien für ganz Bayern oder für einzelne Regierungsbezirke, oder von den Regierungen, K. d. J., für ihren Regierungsbezirk erlassen (Art. 7 PStGB.). Die bezirkspolizeilichen Vorschriften werden nach Art. 4 PStGB. von den Bezirkspolizeibehörden, in kreisunmittelbaren Städten also von deren Stadträten bzw. von den Polizeidirektionen (z. Zt. München und Nürnberg-Fürth) im Rahmen ihrer besonderen Zuständigkeit erlassen.

Von Bedeutung war Art. 23 Abs. 1 Buchstabe a des bis zum

Inkrafttreten der neuen Bezirksordnung (1. April 1928) noch geltenden Selbstverwaltungsgesetzes, wonach für den Erlaß bezirkspolizeilicher Vorschriften, und zwar auch in den Fällen des Art. 5 PStGB., an die Stelle der eigentlichen Bezirkspolizeibehörde, d. h. des Bezirksamts, der Bezirksausschuß getreten ist. Durch die neue Bezirksordnung vom 17. Okt. 1927 wurde der einen Fremdkörper in der Bezirksverfassung bildende Art. 23 beseitigt, so daß jetzt wieder die frühere Zuständigkeit des Bezirksamts gegeben ist.

Die ortspolizeilichen Vorschriften werden, wie oben bereits festgelegt, für die mittelbaren Gemeinden ebenso wie für die kreisunmittelbaren Gemeinden gemäß Art. 51 Abs. II GO. und Art. 54 Abs. III GO. in Verbindung mit Art. 3 PStGB. durch den Gemeinde-(Stadt-)rat bzw. durch die Polizeidirektionen erlassen.

Hinsichtlich der Darstellung des Rechtes der kreisunmittelbaren Gemeinden wird auf die nachfolgende gesonderte Abhandlung verwiesen.

Bei der dreifachen Gliederung von Ortsgemeinden, Distriktsgemeinden und Kreisgemeinden — nach der neuen Gesetzgebung spricht man bei Distrikt (jetzt Bezirk) und Kreis nur mehr von Gemeindeverbänden —, welche die Bayer. Gemeindeverfassung aufweist, ist der leitende Gedanke der, daß der sachlich ausgedehnteste Wirkungskreis und das größte Maß von Selbständigkeit den untersten Gemeindebehörden zukommt und daß der Wirkungskreis sachlich sich verengt, die Selbständigkeit sich mindert, je höher der Gemeindeverband ist. (Seydel-Piloty S. 505).

Geschichtlich sind die Ortsgemeinden und die höheren Gemeindeverbände nicht Gemeinwesen von einerlei Art. Die Ortsgemeinde wird zwar durch die staatliche Rechtsordnung beherrscht und gestaltet und ist, so wie sie ist, rechtlich deren Geschöpf. Geschichtlich ist sie aber kein Geschöpf des Staates, sie ist vom Staate nicht erfunden, ja ist sogar älter wie der Staat. Die höheren Gemeindeverbände sind nicht Erzeugnis einer geschichtlichen Entwicklung. Sie sind willkürliche Schöpfungen des Staates, die Zweckmäßigkeitserwägungen der Verwaltung ihren Ursprung verdanken. Ist auch der Wirkungskreis der höheren Kommunalverbände räumlich ein ausgedehnterer als der Wirkungskreis der Ortsgemeinde, sachlich ist er in engere Grenzen gebannt. (Seydel-Piloty S. 506.)

Was zur Zuständigkeit der Orts- und was zu der einer höheren Polizei gehört, ist in den Gesetzen nirgends erschöpfend, sondern höchstens exemplikativ und für einzelne Angelegenheiten geregelt. Grundsatz ist, daß zur ortspolizeilichen Zuständigkeit alle polizeilichen Gegenstände gehören, die nicht ausdrücklich einer höheren Zuständigkeit vorbehalten sind. Die örtliche und sachliche Zuständigkeit ergibt sich teils aus den einzelnen Organisations- und

Verwaltungsgesetzen, teils aus den Zuständigkeitsverordnungen, z. B. §§ 58, 65 Bauordnung.

Es gibt insbesondere im Bereiche der verwaltenden Tätigkeit eine Reihe von Angelegenheiten, die teils an sich rein örtlich, teils von örtlichen Verhältnissen wesentlich beeinflußt sind. Bei solchen Angelegenheiten wird man sagen müssen, daß dieselben mit mehr Sachkunde und mit mehr Eifer für die Sache besorgt werden, wenn man zu deren Erledigung diejenigen heranzieht, welche diese Dinge zunächst angehen. Die örtlich Beteiligten sind zu diesem Behufe in geordnete Verbände oder Körperschaften des öffentlichen Rechts zu vereinigen. (Seydel-Piloty S. 504.)

Anderseits gibt es wiederum Aufgaben des Staates, die anders als mittels strenger Zentralisierung überhaupt niemals richtig erfüllt werden können. Hier ist die Zusammenfassung in der Obersten- oder Oberpolizeibehörde gegeben.

Zuständigkeitsnormen hierüber enthalten vor allem Art. 2 PStGB. und die Zuständigkeitsverordnung vom 4. Januar 1872 (Weber 9 S. 258) sowie zahlreiche weitere Artikel des PStGB., wo die Zuständigkeitsnorm meist in die Worte gekleidet ist: „Wer den ortspolizeilichen (oder distrikts-, oberpolizeilichen) Vorschriften zuwiderhandelt." Häufig können orts- oder bezirks- (früher distrikts-) bzw. oberpolizeiliche Vorschriften erlassen werden, wie sich aus dem oft wiederkehrenden Ausdruck: „wer den orts- oder distrikts- bzw. oberpolizeilichen Vorschriften zuwiderhandelt" (vgl. z. B. Art. 74 Abs. I Ziff. 2 PStGB.) ergibt. Bei derartiger mehrfacher Zuständigkeit ist Art. 5 PStGB. zu beachten. (Helmreich-Rock S. 212.)

Soweit die Gemeinden im Rahmen ihrer Ermächtigung und nach den gesetzlichen Bestimmungen ortspolizeiliche Vorschriften erlassen haben, die für vollziehbar erklärt worden sind oder bei denen die 30tägige Frist des Art. 6 PStGB. abgelaufen ist, sind sie allgemein verbindliche Rechtsnormen und haben dieselbe Wirkung, wie wenn die gleichen Vorschriften in einem Gesetze enthalten wären.

Eine besondere Ausdrucksweise für die Behördenabstufung hat die Reichsgesetzgebung. Im allgemeinen läßt sich auch in der reichsgesetzlichen Ausdrucksweise die Gliederung: Orts-, Bezirks-, Kreis- (Provinzial-) und Oberste Behörde erkennen. Im allgemeinen ist also eine vierfache Gliederung der Verwaltungsbehörden gegeben. (Henle, Handbuch der inneren Verwaltung S. 2.)

In Gemeindeangelegenheiten ist auch die Zuständigkeit der Verwaltungsgerichte gegeben. Weiter als in Preußen (vgl. ZustGes. §§ 7—38; dazu die Bestimmungen der nach dem Zuständigkeitsgesetze erlassenen neuen Gemeindeverfassungsgesetze) reicht die Zuständigkeit der Verwaltungsgerichte in Bayern, Sachsen, Württemberg, Baden. Die Gesetze dieser Länder lassen das Verwaltungsstreitverfahren ganz allgemein zu in allen Fällen, in denen eine

Gemeinde durch eine Verfügung der Aufsichtsbehörde verletzt zu sein behauptet. (Für Bayern: Art. 10, Ziff. 2 VGG., Art. 60 Abs. VI GO.)

Gerichtsbarkeit in weiterem Umfange üben die Gemeinden nur noch in Württemberg und Baden aus, wo die im GVG. § 14 Ziff. 3 zugelassenen Gerichte eingerichtet sind. Wo sich sonst noch sogen. Feldgerichte oder Dorfgerichte erhalten haben (Nassau, östl. Provinzen), haben dieselben lediglich unbedeutende, der freiwilligen Gerichtsbarkeit angehörige Kompetenzen. Zu einer weiteren Beteiligung der Gemeinden an der Rechtspflege hat allerdings wieder die Reichsgesetzgebung über Gewerbe- und Kaufmannsgerichte geführt; auch die auf Grund dieser Gesetzgebung errichteten Sondergerichte sind Gemeindeinstitute. (Schoen S. 249.)

VI. Begriff und Umfang der Polizeiverwaltung.

Allgemeines.

Die bisher geltenden beiden Gemeindeordnungen überwiesen den Gemeinden „die Handhabung und den Vollzug der die Polizeiverwaltung betreffenden Gesetze, gesetzlich erlassenen Verordnungen, polizeilichen Vorschriften und kompetenzmäßigen Anordnungen der vorgesetzten Behörden innerhalb des Gemeindebezirks, soweit hiefür nicht durch Gesetze oder gesetzmäßige Verordnung die Zuständigkeit einer höheren Behörde begründet ist". (Diess. GO. Art. 92 Abs. 2, 138 Abs. 1, pfälz. GO. Art. 71 Abs. 1; neue GO. vom 17. Okt. 1927 Art. 51.) Was unter Polizeiverwaltung zu verstehen ist, sagt der Gesetzgeber nicht. V. Seydel glaubt aus der Entstehungsgeschichte vorstehender Bestimmungen entnehmen zu sollen, daß der Gesetzgeber den Ausdruck Polizei in einem wissenschaftlich veralterten Sinne verstehe, wonach derselbe gleichbedeutend sei mit innerer- oder Landesverwaltung. (Vgl. G. v. Kahr, Kommentar zur diess. GO., München 1893 ff. II S. 26, v. Seydel 2. Aufl. II S. 29.) Anderer Anschauung Seydel-Piloty, Bayer. Verfassungsrecht, Tübingen 1913 S. 529/30. Nach ihrer geschichtlichen Entwicklung ist Polizei ein Teil der inneren Verwaltung. Was außerhalb dieses Begriffes liegt, (das Gebiet der Justiz, das Gebiet der Finanz- und Militärverwaltung), liegt auch außerhalb des Wirkungsgebietes der Polizei. Innerhalb des Wirkungskreises der inneren Verwaltung aber ist die Aufgabe der Polizei beschränkt auf die Abwehr von Gefahren und Störungen, die drohen dem öffentlichen Recht, der öffentlichen Sicherheit und der öffentlichen Ordnung. (Anschütz III S. 458.) Ebenso Stier-Somlo S. 620: Heute ist die Polizei nicht gleichzusetzen mit innerer Verwaltung, sondern sie ist diejenige Tätigkeit der Staatsgewalt auf dem Gebiete der inneren Verwaltung, die mit einem Zwang gegen Personen verbunden ist oder verbunden sein kann. Polizei ist eine staatliche Tätigkeit, die auf allen Gebieten der Verwaltung durch Gebote und Verbote zur Anwendung kommen kann und sich durch Zwangsmittel und Strafen äußert. Die Aufgaben der Polizei lassen sich (Dollacker S. 5) nicht in einer Aufzählung von Befugnissen definieren; die (eigentliche) Polizei (im Gegensatz zur Wirtschafts- und Wohlfahrtspolizei) hat vielmehr das Recht und die Pflicht, überall da einzugreifen, wo dem Staate oder seinen Einrichtungen, dem Publikum in seiner Gesamtheit oder dem Einzelnen eine Gefahr droht. Nach Meyer, deutsches StR., 7. Aufl., Teil 2 S. 755 ist Polizei derjenige Teil der inneren Verwaltung, welcher zum Gegenstande hat die Aufrechterhaltung der öffentlichen Sicherheit und Ordnung und die Abwehr von Gefahren, welche dem Gemeinwesen und dem Einzelnen drohen. Dieser Begriff, sagt er, ist ein Rechtsbegriff. Seine Grenzen bedeuten Rechtsschranken der Polizeigewalt gegenüber der Freiheit und dem Eigentum des Einzelnen. Nach Seydel-Graßmann, bayer. Verwaltungsrecht, Tübingen 1913 S. 218 ist die Polizei im Sinne der neueren Wissenschaft an sich keine materielle Tätigkeit des Staates, sondern eine Form der Staatstätigkeit, welche ihren Inhalt durch die verschiedenen Zwecke bekommt, denen sie dient. Die Polizei ist darnach diejenige Zwangsgewalt, durch welche der Staat sich und seine Verwaltung sowohl wie auch seine Angehörigen vor Gefährdungen durch Menschen schützt. Woerner (S. 411) versteht unter Polizei im modernen Sinne die staatlichen Zwangsmaßnahmen, die gegen Personen zum Schutze des Staates und seiner Einwohner ergriffen werden können, im Gegensatz zu der fürsorgerischen, pflegerischen Tätigkeit des Staates. Ortspolizei im modernen Sinne ist nach ihm „die Summe der den Gemeinden vom Staate übertragenen Zwangsbefugnisse, die gegen Personen zum Schutze des Staates und seiner Einwohner ergriffen werden können". Ähnlich Helmreich-Rock (S. 209): Man wird unter Polizei im Sinne der GO. diejenige fürsorgende, pflegliche Tätigkeit öffentlicher Behörden zu verstehen haben, die bestimmt ist, für die Sicherheit, die Gesundheit, das Eigentum des Staatsangehörigen zu sorgen.

Die Polizei hat eine Mehrzahl von Einteilungen gefunden. Der Ausdruck administrative und gerichtliche Polizei ist auch in Deutschland üblich, jedoch nur im Sprachgebrauche der Wissenschaft, nicht in dem der Gesetzgebung. Diese Terminologie stammt aus Frankreich. Der Code des délits et peines vom 3. brum. IV (25. Okt. 1795) definiert die Polizei „Maintenier l'ordre publice, la liberté, la propriété, la sûreté individuelle" und teilt die Polizei ein in police administrative und police judiciaire. Wie in Frankreich, so ist auch bei uns die „administrative" Polizei wahrhaft Polizei; die „gerichtliche Polizei" ist nur dem Namen nach Polizei, materiell aber eine Funktion der Strafrechtspflege, also Justiz, mithin ein Inbegriff von Tätlichkeiten, welche historisch und dogmatisch nicht ein Stück, sondern ein Gegenstück der Polizei darstellen. (Anschütz V S. 463.)

Die Einteilung und der Begriff der Sicherheits- und Wohlfahrtspolizei ist weder gesetzlich noch wissenschaftlich fest abgegrenzt. Daher werden in Theorie und Praxis einzelne Gebiete der Wohlfahrtspflege zu dem Geschäftskreise der Sicherheitspolizei, und umgekehrt einzelne Gebiete der Sicherheitspolizei zu der Wohlfahrtspolizei gerechnet. Die Aufgaben der Sicherheits- und Wohlfahrtspolizei fließen vielfach so ineinander, daß eine richtige und erschöpfende Zusammenstellung der einzelnen Geschäfte der

Sicherheitspolizei und der Wohlfahrtspolizei nicht möglich ist. (Weiß S. 475.)

Nach dem Gegenstande der abzuwehrenden Gefährdung scheidet sich (Seydel-Graßmann S. 218) die Polizei in zwei Teile. Insoferne sie gegen Gefährdungen sich richtet, welche die Sicherheit des Staates oder seiner Angehörigen im allgemeinen bedrohen, ist sie Sicherheitspolizei; insoferne sie den Schutz bestimmter staatlicher Verwaltungsgebiete bezielt, ist sie Verwaltungspolizei. Polizei ist grundsätzlich mit Sicherheitspolizei gleichbedeutend. Dagegen bedeutet Wohlfahrtspolizei eine positiv auf Förderung der Staatszwecke gerichtete Tätigkeit, die beiden Begriffe sind Gegensätze (Preuß. OVG. 9, 355). Die Wohlfahrtspflege, d. i. alle auf Hebung und Förderung des materiellen wie geistigen Wohlstandes der Gesamtheit jedes Einzelnen abzielende Tätigkeit, hat mit der Polizei nichts zu tun. Nur auf Grund besonderer gesetzlicher Ermächtigung darf sie mit ihren Zwangsmitteln Wohlfahrtszwecke verfolgen, zu denen auch die Sorge für rein ästhetische Interessen gehört. Deshalb sind z. B. gesetzliche Bestimmungen erforderlich, um sie zu berechtigen, der Verunstaltung von Ortschaften und Landschaften, hervorragender Gegenden durch Baulichkeiten, Reklameschilder usw. entgegenzutreten. Die Aufgaben der pflegenden Staatstätigkeit sind einer erschöpfenden Aufzählung ebenso wenig fähig, wie die das Leben eines Individuums erfüllenden menschlichen Handlungen. Der Unterschied zwischen polizeilicher und verwaltender Einwirkung liegt darin, daß erstere ihr Ziel mit den Mitteln des Zwangs (der Verordnung oder Verfügung), letztere mit den Mitteln der Förderung nützlicher Bestrebungen und Unternehmungen, der Anregung privater Tätigkeit auf solchen staatlich zu unterstützenden Gebieten zu erreichen suchen muß. (Polit. Handwörterbuch Bd. 2 Leipz. 1923.)

Der Ausdruck Sicherheitspolizei ist mehrdeutig. Im älteren und weiteren Sinne ist Sicherheitspolizei alle polizeiliche Tätigkeit, die sich auf den Schutz der öffentlichen Sicherheit (und Ordnung) bezieht, ist mit a. W. Sicherheitspolizei als Gegensatz zu der jenseits aller polizeilichen Zuständigkeit liegenden Wohlfahrtspflege, gleichbedeutend mit Polizei überhaupt. Der neuere Begriff der Sicherheitspolizei ist sehr bestritten. Am verbreitesten ist die (besonders von Rosin entwickelte) Ansicht: Sicherheitspolizei sei die Bekämpfung der Gefahren, „welche der Rechtsordnung durch den bösen Willen der Menschen (im Gegensatz zu schadenstiftenden Naturereignissen) drohen". (Rosin in Fleischmann-Stengels Wörterbuch 3, 101.) Anschütz (a. a. O. S. 464) bezeichnet aber diese Definition als zu eng und vertritt folgende Auffassung: Es gibt gewisse Tätigkeitsgebiete der Verwaltung, auf welchen die Verwaltung gar nicht wohlfahrtfördernd, sondern lediglich sicherheitsschützend auftritt. Verwaltungszweige, „welche die Polizeigewalt allein ausfüllt". (Otto Mayer.) Diese Gruppe rein polizeilicher

Verwaltungszweige sei Sicherheitspolizei i. e. S. und sie sei gemeint, wenn die modernen Gesetze von „Sicherheitspolizei" sprechen. Den Gegensatz dazu bilden alle anderen Polizeizweige mit dem Sammelnamen „Verwaltungspolizei". Dieser Ausdruck geht auf L. v. Stein zurück; er soll andeuten, daß die Polizei hier den Schutz bestimmter staatlicher Verwaltungstätigkeiten, z. B. der Gewerbe- Gesundheitsverwaltung, die Verwaltung der öffentlichen Wege und Gewässer bezwecke. Einen inneren Grund habe die ganze Unterscheidung zwischen Sicherheits- und Wohlfahrtspolizei nicht.

Die Präventivpolizei umfaßt die polizeilichen Maßnahmen vorbeugender, die Repressivpolizei die polizeilichen Maßnahmen abwehrender Art.

Die Aufgabe der Polizei bezeichnet zutreffend das Allg. preuß. LR. von 1794, indem es in Teil 11, Titel 17, § 10 sagt:

Die nötigen Anstalten zur Erhaltung der öffentlichen Ruhe, Sicherheit und Ordnung und zur Abwendung der dem Publico und einzelner Mitglieder desselben bevorstehenden Gefahr zu treffen, ist das Amt der Polizei.

Das Bayer. AG. zur RStPO. bezeichnet in Art. 102 die Aufgaben der Sicherheitspolizei mit folgenden Worten: Die Behörden und Beamten des Polizei- und Sicherheitsdienstes sind verpflichtet, durch Aufsicht und Anstalten den Übertretungen der Strafgesetze möglichst zuvorzukommen und dieselben in ihrem Laufe zu unterdrücken.

Die Polizei ist nicht auf bestimmte einzelne Befugnisse beschränkt, sie hat vielmehr alle, die ihr nicht durch etwaige besondere Gesetze entzogen sind; der Staatsbürger hat gegenüber der Polizei nur diejenigen Freiheitsrechte, die ihm in Gesetzen ausdrücklich verliehen sind. (Nach Stier-Somlo S. 524.)

Die Polizei ist eine Staatstätigkeit, welche durch ihren Inhalt und Zweck bestimmt ist, nicht durch ihre Form. Dem gegenüber wird, wie wir gesehen haben, behauptet, daß das Wesen der Polizeigewalt durch ein formales Moment gekennzeichnet sei, nämlich durch das Moment des Zwangs. Polizei, wird gesagt, sei die innere Verwaltung, soweit sie sich durch Beschränkung der persönlichen Freiheit, durch Anwendung von Gewalt äußere: Der „Zwang auf dem Gebiete der inneren Verwaltung" (Bluntschli, Laband, G. Meyer, Rosin). Dem gegenüber betont Anschütz (a. a. O. S. 459): „Die Begriffe Zwang und Polizei decken sich nicht, schneiden sich vielmehr. Auf dem Gebiete der inneren Verwaltung wird Zwang auch zu anderen als polizeilichen Zwecken angewendet (Schulzwang, Versicherungszwang, Beamtendisziplin, Zwangsbewirtschaftung von Bedarfsgegenständen), anderseits ist die polizeiliche Tätigkeit nicht immer und nicht notwendig Zwangsanwendung. Das Verhältnis von Polizei und Zwang sei vielmehr dieses: Die Polizei ist befugt, Zwang anzuwenden, soweit sie ohne solchen ihre Aufgabe nicht erfüllen kann."

Die Polizei ist an das Ordnungsziel gebunden. Gerade die historische Zurückschraubung des Polizeigedankens auf die bloße Fürsorge für „Ruhe, Ordnung und Sicherheit" bringt in Umkehr das Gebundensein der Polizei an dieses Ziel. Sie darf dieses Ziel nicht überschreiten. Insbesondere reicht bloße „Zweckmäßigkeit", z. B. die Verschönerung des Stadtbildes, nicht aus, um — ohne weitere gesetzlichen Unterlagen — den Einzelnen in seiner Bewegungsfreiheit einzudämmen. Bei den Auslegungen muß den wechselnden Zeitanschauungen Rechnung getragen werden. (Massenmeetings, Boxkämpfe, Familienbäder usw.) Die Polizei hat hier in dieser weiten und doch rechtlich begrenzten Kompetenz ein gut illustrierendes Seitenstück in der Kompetenz des Richters, die vor ihn gebrachten Ansprüche darauf zu prüfen, ob sie im Einklang stehen mit Treu und Glauben, mit den guten Sitten, insbesondere mit der Verkehrssitte (BGB. §§ 138, 157). (Anschütz III S. 461, Hedemann Bd. 9 S. 319). Die Polizei ist an die Gesetze gebunden. Aus der gesamten Staatsorganisation, insbesondere der Gewalteinteilung, folgt, daß die Gesetzgebung der Verwaltung und damit der Polizei übergeordnet ist. Darum ist auch die Polizei im Rechtsstaate unter das Zeichen der „Gesetzmäßigkeit" getreten und schöpft hieraus ihre einschneidenden Berechtigungen.

VII. Ortspolizei. Bezirkspolizei. Staatliche Polizei. Kriminelle Polizei.

Ortspolizei.

Unter Polizei im modernen Sinne versteht man die staatlichen Zwangsmaßnahmen, die gegen Personen zum Schutze des Staates und seiner Einwohner ergriffen werden können, im Gegensatze zu der fürsorgerischen, pflegerischen Tätigkeit des Staates. Ortspolizei im modernen Sinne ist daher die Summe der den Gemeinden vom Staate übertragenen Zwangsbefugnisse, die gegen Personen zum Schutze des Staates und seiner Einwohner ergriffen werden können. (Woerner S. 411.) Soweit sich die Sorge für die öffentliche Ordnung, Ruhe und Sicherheit in Zwangsmaßnahmen gegen die einzelnen Personen äußert, bildet sie einen Bestandteil der Ortspolizei und fällt unter den „Vollzug der die Polizei betreffenden Gesetze und Vorschriften". (Woerner S. 409.) Die polizeiliche Tätigkeit ist bei der Ortspolizei auf Angelegenheiten und Interessen abgestellt, deren Bedeutung über den Kreis der örtlichen Gemeinschaft, des Ortspolizeibezirks, der in der Regel mit der Ortsgemeinde zusammenfällt, nicht hinausreicht. (Anschütz III S. 463.) Die Gemeindepolizei ist Hilfsorgan der Ortspolizei. (Nähere Ausführungen Kneuer S. 128, 130 ff.)

Die Beteiligung der Gemeinden an der Verwaltung der Ortspolizei ist bei den deutschen Einzelstaaten nicht einheitlich. Als Selbstverwaltungsangelegenheit, d. h. zur Selbstverwaltung ist sie nur in Württemberg (GemO. Art. 8) und einigen kleineren Staaten wie Braunschweig, Sachsen-Weimar, Sachsen-Coburg-Gotha übertragen. In Preußen, Bayern, Sachsen, Baden usw. ist sie nur bestimmten Organen der Gemeinde, in den Städten dem Bürgermeister (Preußen mit Ausnahme der Provinz Hannover, Baden, Hessen) oder dem Stadtrate (Bayern, Sachsen, Provinz Hannover), in den Landgemeinden dem Gemeindevorsteher mit der Maßgabe überwiesen, daß diese sie als grundsätzlich vom Staate selbst wahrzunehmende Funktion, als Organ des Staates zu verwalten haben. Nur in einzelnen größeren Städten, in denen die Regierung auf Grund gesetzlicher Ermächtigungen (wie sie ihr besonders in Preußen, Baden, Hessen, Sachsen erteilt sind) die Polizeiverwaltung einer besonderen Staatsbehörde übertragen hat, und allgemein auf dem flachen Lande in Altpreußen, Schleswig-Holstein und Hannover, wo die Ortspolizei durch Amtsvorsteher bzw. durch die Landräte gehandhabt wird, fehlt auch diese organische

Verbindung der Ortspolizei mit der Gemeindeverwaltung. (Schoen Deutsches Verwaltungsrecht S. 249.)

In Süddeutschland, in Bayern, besonders aber in Württemberg und Baden herrscht das Prinzip der kommunalen Ortspolizei. Die Ortspolizei bildet einen integrierenden Bestandteil des kommunalen Wirkungskreises, des „übertragenen" zwar nur, aber doch eben des Wirkungskreises der Gemeinde als solcher. Der Vorsteher der Gemeinde ist Polizeiverwalter, nicht (wie in Preußen), obgleich die Polizei keine Gemeindesache ist, sondern weil sie eine ist. Neuestens ist allerdings in Württemberg die Ortspolizei, in weitem Umfang verstaatlicht worden: Das Ges. über die staatliche Polizeiverwaltung vom 16. Dez. 1921 überträgt die Sicherheits- und Kriminalpolizei in den großen unmittelbaren Städten auf staatliche Polizeiämter, vgl. v. Koehler, Arch. des öff. R. 42, 206 ff.

Das Prinzip der Staatlichkeit aller Polizei — des staatlichen Polizeimonopols (Anschütz III S. 465) — ist in Preußen durch die Stein-Hardenbergsche Reform, und zwar durch die StO. vom 19. Nov. 1808 eingeführt worden. Vorher hatte die Polizei in den Städten, ebenso wie die Gerichtsbarkeit 1. Instanz, der Stadtgemeinde gehört, während sie auf dem Lande als erb- und eigentümliches Recht, patrimonialiter, dem Gutsherrn zustand. Politische Bestrebungen des Jahres 1848 vindizierten zwar auch in Preußen die Ortspolizei für die Gemeinde, die preußische sogen. oktroyierte Verfassung vom 5. Dez. 1848 verankerte diese Forderung auch in Art. 104 Nr. 3, die maßgebenden Worte „mit Einschluß der Ortspolizei", gelangten aber nicht in den Text der preußischen VerfUrk. vom 31. Jan. 1850, womit der Grundsatz der Staatlichkeit der Polizei mit aller Energie wieder hergestellt war und blieb. Die Ortspolizei gilt in Preußen nicht als Recht der Gemeinde, sondern als Recht des Staates und zwar als ein solches, welches der Staat nicht aus der Hand gibt. Die Ortspolizei gehört nach diesem System weder zum „eigenen", noch zum „übertragenen" Wirkungskreis der Gemeinde; auch soweit sie nicht von unmittelbaren Staatsbehörden (Polizeipräsidium, Polizeidirektionen), sondern kraft der ihm gesetzlich auferlegten Verpflichtung vom BM. verwaltet wird, liegt keine echte Dezentralisation, keine Delegation eines Staatshoheitsrechtes an ein vom Staat verschiedenes Rechtssubjekt zwecks Selbstverwaltung vor. (Anschütz III S. 466.) Auf welche Lebensgebiete erstreckt sich die Polizei? Diese Frage hat für Preußen der § 6 des PVerwG. vom 11. März 1850 (GS. S. 265), in der Zwischenzeit durch eine Reihe von Reichs- und Landesgesetzen teilweise aufgehoben, teilweise ergänzt, zu lösen versucht. Nach ihm gehören zu den Gegenständen der ortspolizeilichen Vorschriften: a) der Schutz der Personen und des Eigentums; b) Ordnung, Sicherheit und Leichtigkeit des Verkehrs auf öffentlichen Straßen, Wegen und Plätzen, Brücken, Ufern und Gewäsfern; c) der Marktverkehr und das öfffentliche Feilhalten von Nahrungsmitteln; d) Ordnung und Gesetzlichkeit bei dem öffentlichen Zusammensein einer größeren Anzahl von Personen; e) das öffentliche Interesse in bezug auf die Aufnahme und Beherbergung von Fremden; die Wein-, Bier- und Kaffeewirtschaften und sonstigen Einrichtungen zur Verabreichung von Speisen und Getränken; f) Sorge für Leben und Gesundheit; g) Fürsorge gegen Feuersgefahr bei Bauausführungen sowie gegen gemeinschädliche und gemeingefährliche Handlungen, Unternehmungen und Ereignisse überhaupt; h) Schutz der Felder, Wiesen, Weiden, Wälder, Baumpflanzungen, Weinberge usw.; i) alles andere, was im besonderen Interesse der Gemeinden und ihrer Angehörigen polizeilich angeordnet werden muß. (Stier-Somlo S. 523/24.)

Ein Anhaltspunkt dafür, ob ein Gegenstand der Polizeiverwaltung vorliegt, wird sich daraus gewinnen lassen, ob der fragliche Gegenstand im Polizeistrafgesetzbuch oder in den polizeilichen Bestimmungen des RStGB. (§§ 360 ff.) oder anderer Reichs- oder Landesgesetze oder statutarischer Bestimmungen erwähnt ist. Im Hinblick darauf kann von einer Aufzählung der einschlägigen Obliegenheiten der Ortspolizei, die doch stets unvollständig wäre, abgesehen werden. Zur Illustrierung sei auf den bisherigen Artikel 138 der GO. von 1869 hingewiesen.

Die polizeiliche Tätigkeit, also die Ausübung der Polizei in ihren verschiedenen Zweigen, fällt in Bayern in den übertragenen Wirkungskreis der Gemeinden und ist damit dem Bereich der gemeindlichen Selbstverwaltung im eigenen Wirkungskreise entzogen. Abweichend die Anschauung des VGH. (VGH. 24, 370), der (nach Woerner S. 413) irrtümlich auch die Angelegenheiten der Ortspolizei zu dem eigenen Wirkungskreise der Gemeinde rechnet. Auch der Gesetzgeber (GO. v. 1927) ging nach Woerner (a. a. O.) irrtümlich davon aus, daß die Ortspolizei eine Angelegenheit des eigenen Wirkungskreises der Gemeinde sei, daß aber die Gemeinde bei der Ortspolizei in höherem Maße als bei sonstigen Angelegenheiten des eigenen Wirkungskreises der staatlichen Aufsicht unterstehe. Nach dem Stande der gegenwärtigen Gesetzgebung haben — im Gegensatz zu Woerner — die Gemeinden ein Recht auf die Ortspolizei, so die Rechtsprechung (VGH. 44, 23) und Rechtslehre (Kahr 2, 10, Seydel-Piloty S. 530, Piloty-Schneider S. 71, Helmreich-Rock S. 212, Rösch S. 223, Dyroff, VGG. S. 416 u. a.), sowie die Landtagsverhandlungen über die neue GO. De lege lata (Art. 51, 54 GO.) ist den Gemeinden das Recht auf die Ortspolizei mit klaren Gesetzesworten eingeräumt, allerdings als eine Befugnis kraft Übertragung durch den Staat, also gebunden an die Aufsicht und Weisung des Staates. Der Gesetzgeber, dem alles unterworfen ist, kann dieses Recht — wie alle Berechtigungen, insbesondere aus dem übertragenen Wirkungskreise — zwar einschränken, anders gestalten, schließlich auch entziehen, keineswegs kann es aber, wie

Woerner S. 76 annimmt, der Staat (die Oberbehörde?) „in gleicher Weise entziehen, wie die übergeordnete der untergeordneten staatlichen Behörde". Behördenüberordnung und Gesetzgeber sind hier nicht identisch, auch wenn die Worte des Art. 1 GO. „nach Maßgabe der Gesetze", in althergebrachter, die demokratische Einflußnahme abbiegender Interpretation dahin ausgelegt werden, daß hier Gesetz in jedem nur dehnbaren Sinne zu verstehen sei, also die Einschränkung bzw. Entziehung nicht nur durch einfaches Reichs- oder Landesgesetz erfolgen könne, sondern auch durch Verordnungen, Bekanntmachungen, Polizeivorschriften, allgemeine und besondere Verfügungen von Behörden, falls diese auf reichs- oder landesgesetzliche „Ermächtigung" beruhen. (Woerner S. 73.) Mit voller Überzeugung ist hier Helmreich-Rock beizutreten, der die Gefahren dieser Auslegung für das gesamte Selbstverwaltungsrecht klar erkannt hat und nun S. 67 Anm. 4 sagt: Das Recht der Selbstverwaltung ist kein unbeschränktes, sondern „nach Maßgabe der Gesetze" beschränkt. Gesetz in diesem Sinne ist nicht, wie in den früheren Auflagen dieses Werks vertreten wurde (ebenso Lindner-Hauck-Fischer S. 108), jede Rechtsnorm (d. h. Gesetz im materiellen Sinn), sondern nur ein im Weg der Reichsgesetzgebung (Art. 68 ff. der RVerf.) oder der Landesgesetzgebung (§ 74 der Bayer. Verf.) zustande gekommenes Gesetz (d. h. Ges. im formellen Sinn). Denn sonst hätte es die Reichs- und Staatsregierung in der Hand, auf dem Verordnungsweg das gemeindliche Selbstverwaltungsrecht willkürlich zu beschneiden, was nicht dem gesetzgeberischen Willen entspräche. — Unter der für das Selbstverwaltungsrecht gleich ungünstigen Auslegung steht § 22 Abs. I Satz 4 bayer. VerfUrk.: „Neue Aufgaben und Lasten können den Gemeinden nur auf Grund Gesetzes zugewiesen werden" und Art. 50 Abs. II GO.: „Neue Aufgaben können den Gemeinden nur auf Grund Gesetzes zugewiesen werden". Nur dadurch, daß die Gemeinden vorstehend gebrachte Einengung der Worte „auf Grund Gesetzes" zugestanden bekommen, bzw. gegenüber der amtlichen Auslegung erkämpfen, kann der dienstlichen und finanziellen Überbelastung der Gemeinden auf Grund eines einseitigen und dem Willen des Gesetzgebers nicht entsprechenden Diktats vorgebaut werden.

Könnte — wie Woerner S. 76 annimmt — der Gemeinde das Recht der Polizeiverwaltung „in gleicher Weise entzogen werden, wie die übergeordnete staatliche Behörde im gegebenen Falle der untergeordneten staatlichen Behörde" eine Befugnis entziehen kann — die Frage der kompetenzmäßigen Zuständigkeit soll hier nicht zur Erörterung gestellt sein —, so wäre die Sondervorschrift des Art. 52 GO., die die Ausnahmebestimmung gegenüber der Berechtigung der Gemeinde — Art. 51 GO. — gesetzlich festlegt, nicht erklärlich und überflüssig. Sagt ferner Art. 51 Abs. III GO. in Satz 3, daß bei Gefahr im Verzug die zuständigen Staatsbehörden berechtigt sind, die erforderlichen Maßnahmen ... selbst zu treffen, so kann nicht mit Woerner S. 418 dieses Recht ohne weiteres schon aus der Erwägung heraus, daß die Ortspolizei zu den Gegenständen des übertragenen Wirkungskreises gehöre, also (nach Woerner) jederzeit für den Staat verfügbar sei, in Anspruch genommen werden. Indem der Gesetzgeber sich hier und zwar nur bei Gefahr in Verzug selbst legitimiert, erkennt er das allgemeine Recht der Gemeinde auf die Ortspolizei an, weshalb auch obige Folgerung Woerner abzulehnen ist, daß in Anwendung der allgemeinen Grundsätze der Über- und Unterordnung die der Gemeinde vorgesetzte Behörde ganz nach Willkür über die Orts- bzw. Bezirkspolizei (kreisunmittelbare Städte) verfügen könnte, nicht nur bei Gefahr in Verzug, nicht nur, soweit dieses Recht dem Staate in einer Sondervorschrift eingeräumt ist, sondern allgemein.

Bestritten ist ferner, ob es im übertragenen Wirkungskreise, wozu auch die Ortspolizei gehört, ein Selbstverwaltungsrecht gibt, bzw. ob das Selbstverwaltungsrecht auch für die übertragenen staatlichen Angelegenheiten in Anspruch genommen werden kann. Woerner (S. 74, 400) lehnt hier aus logischen Schlußfolgerungen ein Selbstverwaltungsrecht ab (mit ihm Kratzer, § 22 Bem. 8c; Gebhard, Bayer. Gemeindezeitung 1919, Sp. 569; a. A. Nawiasky S. 425; Piloty-Schneider S. 67; Braunwart-Stössel S. 149; Seydel-Piloty S. 521; Kahr 1, 149; 2, 10). Dadurch, daß der Gesetzgeber den Ausdruck „Sachaufsicht" in Art. 50 GO. im Gesetzeswortlaut aufnahm, dürfte diese Streitfrage nunmehr zugunsten der Ansicht Woerner entschieden sein. Die rechtliche Auswirkung zeigt sich z. B. darin, daß der Schutz des Verwaltungsgerichtshofes gegen Entscheidungen der staatlichen Sachaufsicht — wohl aber gegen Entscheidungen der Staatsaufsicht — nicht zugestanden ist. (VGH. 2, 659; **3**, 449; **21**, 100; **41**, 7). Die staatliche Aufsicht bei Angelegenheiten des übertragenen Wirkungskreises („Sachaufsicht") ist allumfassend, wie wenn die Gemeinde eine staatliche Behörde wäre.

Art. 51 Abs. I GO. stellt (abgesehen von dem Fall der Erlassung ortspolizeilicher Vorschriften, wo im PStGB. die Zuständigkeit im allgemeinen geregelt ist) den Grundsatz auf, daß von den Polizeibehörden im Zweifel, d. h. wenn nichts anderes bestimmt ist, die Ortspolizei zuständig ist.

Die Befugnisse der Ortspolizeibehörde umfassen grundsätzlich das ganze Gebiet der Polizei. Sie sind begrenzt nur durch die polizeilichen Befugnisse anderer Behörden, welche die Zuständigkeit der Gemeinden ausschließen sollen, z. B. die Bahnpolizei. Dagegen schließen Verpflichtungen bürgerlich-rechtlicher Art die Rechte und Pflichten der Gemeinden als Ortspolizeibehörde nicht aus. (VGH. S. 31, 110, 150; Woerner S. 412.)

Die Erlassung und Aufhebung polizeilicher Vorschriften gehört zum eigenen Wirkungskreise der Gemeinden und fällt daher in das gemeindliche Selbstverwaltungsrecht. Allerdings „nach Maßgabe der Gesetze". (Art. 51 Abs. II GO.) Die staatlichen Behörden können daher die Gemeinden nicht zwingen, eine bestimmte ortspolizeiliche Vorschrift zu erlassen. Jedoch können ortspolizeiliche Vorschriften von den Kreisregierungen, bzw. den Staatsministerien nach Art. 12 und 13 PStGB. mangels der gesetzlichen Bedingungen ihre Erlassung oder wegen Nachteils für das öffentliche Wohl oder wegen Verletzung der Rechte Dritter außer Kraft gesetzt und ihr Vollzug eingestellt werden. Soweit unzulässige Eingriffe in das gemeindliche Selbstverwaltungsrecht von der Regierung ausgehen sollten, könnte dagegen nach VGG. Art. 10 Nr. 2 Beschwerde zum Verwaltungsgerichtshof erhoben werden.

Nur in gewissen Fällen ist ein mittelbarer Zwang durch Zulassung distriktspolizeilicher Vorschriften (anstelle ortspolizeilicher) nach Art. 5 PStGB. statthaft; hiezu kommen noch die in Art. 6, 12, 13 des PStGB. liegenden Schranken des Selbstbestimmungsrechtes der Gemeinden in der Polizeiverwaltung.

Gegen ortspolizeiliche Vorschriften ist die reine Verwaltungsbeschwerde zulässig (Art. 14 PStGB.); der Verwaltungsgerichtshof kann zur Prüfung der Gültigkeit einer solchen nicht angerufen werden (VGH. 3, 218; 364; 5, 280; 21, 158); immerhin ist nicht ausgeschlossen, daß er die Gültigkeit einer ortspolizeilichen Vorschrift inzidenter zu prüfen hat (VGH. 3, 451; 8, 100; 18, 231; 21, 6).

Das Verhältnis zwischen Ortspolizeibehörde und Gendarmerie regelt § 13 der Bekanntmachung vom 25. Sept. 1919 über die Einrichtung der Gendarmerie (GVBl. S. 639): „Die Verrichtung des Ortspolizeidienstes obliegt der Gendarmerie nur insoweit, als es in der Dienstvorschrift ausdrücklich vorgeschrieben oder in dringenden Fällen durch Anordnung der Dienstbehörde bestimmt ist. Außerdem besteht diese Pflicht, wenn ein sofortiges Einschreiten nötig ist, namentlich bei Gefahr im Verzug, dann auf Ansuchen der Ortspolizeibehörden oder der Beamten des ortspolizeilichen Dienstes, wenn hiezu ein erheblicher Anlaß besteht." Vgl. hiezu auch § 40 der Dienstvorschrift für die Gendarmerie vom 18. Juli 1922 (MABl. S. 223).

Bezirkspolizei.

Die Bezirkspolizei kommt in kreisunmittelbaren Gemeinden nach Art. 54 Abs. II—V GO. diesen selbst, im übrigen aber dem Bezirksamte zu. Die Abgrenzung beider Begriffe — Ortspolizei und Bezirkspolizei — ist daher für mittelbare Gemeinden von großer Wichtigkeit. Die kreisunmittelbare Gemeinde hat für ihren Bezirk die Orts- und Bezirkspolizei.

Die untersten staatlichen Verwaltungsbezirke (in Bayern Bezirke, in Württemberg Oberämter, in Sachsen Amtshauptmannschaften, in Oldenburg Ämter, in Baden, Sachsen-Weimar Bezirke, in Hessen, Braunschweig, Anhalt und mehreren thüringischen Staaten Kreise genannt), umfassen regelmäßig ebenso wie die preußischen Landkreise gleichmäßig die Städte wie das flache Land. In Preußen, wo die Kreise, die den untersten administrativen Bezirken der anderen Staaten entsprechen, durchschnittlich größer und bevölkerter als diese sind, bestehen in den meisten Provinzen zwei Reihen von Unterbehörden, die Kreisbehörden und die Behörden für die örtliche Polizeiverwaltung auf dem Lande. In Bayern und Sachsen sind die großen Städte vielfach, bzw. grundsätzlich von der Zuständigkeit der untersten staatlichen Verwaltungsbehörde ausgenommen und unmittelbar der Mittelstelle unterstellt. („Unmittelbare Städte"), unter deren Kontrolle sie in ihrem Bezirke die sonst der untersten staatlichen Instanz zustehenden Geschäfte selbst zu besorgen haben. Deshalb sind in Bayern auch die Stadträte dieser Städte und die Bezirksämter unter dem Ausdruck „Bezirksverwaltungsbehörden" zusammengefaßt. (Schoen S. 235/36.)

Bezirkspolizeibehörden sind in Bayern die Polizeidirektionen, z. Zt. München und Nürnberg-Fürth, die Bezirksämter(vgl. hier die einschlägigen Ausführungen in der Abhandlung „Zuständigkeiten auf dem Gebiete der Polizeiverwaltung") und die Stadträte der kreisunmittelbaren Städte. (Art. 54 GO.)

Die neue Gemeindeordnung gebraucht das Wort „Städte" nicht mehr, es ist lediglich in Art. 55 Abs. I GO. „offenbar aus Versehen" (Woerner S. 434) stehen geblieben. Art. 2 Abs. II GO. bestimmt lediglich, daß Städte und Märkte die Gemeinden heißen, die diese Bezeichnung beim Inkrafttreten dieses Gesetzes führen oder künftig durch das Staatsministerium des Innern erhalten. Die Bezeichnung Stadt oder Markt begründet keinen Unterschied in der Verfassung und Verwaltung der Gemeinden; Landgemeinden, Märkte und Städte unterstehen im Gegensatz zum bisherigen Rechte (Sondervorschriften für die kreisunmittelbaren Städte) denselben Vorschriften. Infolgedessen ist auch die Verleihung der Bezeichnung Stadt und Markt, abgesehen von dem Rechte zur Führung dieser Bezeichnung, rechtlich bedeutungslos. (Woerner S. 81.)

Die Zahl der bayerischen Gemeinden beträgt 8023 mit 7 379 594 Einwohnern. Die Gemeinden gliedern sich nach ihrer Größe in folgende Gruppen (Statistisches Jahrbuch für den Freistaat Bayern 1926 S. 8):

Einwohnerzahl	Zahl d. Gem.	Gesamtbevölkerung	Einwohnerzahl	Zahl d. Gem.	Gesamtbevölkerung
unter 100	133	10 793	2000 bis unter 2500	127	285 002
100 bis unter 200	1122	175 632	2500 „ „ 3000	62	169 497
200 „ „ 300	1465	363 816	3000 „ „ 4000	53	184 252
300 „ „ 400	1202	417 576	4000 „ „ 5000	31	139 165
400 „ „ 500	859	383 761	5000 „ „ 6000	30	162 521
500 „ „ 600	696	380 525	6000 „ „ 10000	33	250 049
600 „ „ 700	487	314 505	10000 „ „ 15000	11	138 800
700 „ „ 800	376	281 570	15000 „ „ 20000	3	57 134
800 „ „ 900	338	285 782	20000 „ „ 30000	12	296 163
900 „ „ 1000	229	216 537	30000 „ „ 50000	5	190 071
1000 „ „ 1500	549	661 509	50000 „ „ 100000	5	350 039
1500 „ „ 2000	191	324 306	100000 und mehr	4	1 340 589

oder in größere Gruppen zusammengefaßt:

unter 2000	7647	3 816 312	20000 bis unter 100000	22	836 273
2000 bis unter 5000	273	777 916	100000 nnd mehr	4	1 340 589
5000 „ „ 20000	77	608 504			

Kreisunmittelbare Gemeinden gibt es in Bayern zurzeit 58 und zwar in Oberbayern: Freising, Ingolstadt, Landsberg, München, Rosenheim, Traunstein; in Niederbayern: Deggendorf, Landshut, Passau, Straubing; in der Pfalz: Frankenthal, Kaiserslautern, Landau i. Pf., Ludwigshafen a. Rh., Neustadt a. H., Pirmasens, Speyer, Zweibrücken; in der Oberpfalz: Amberg, Neumarkt, Regensburg, Schwandorf, Weiden; in Oberfranken: Bamberg, Bayreuth, Coburg, Forchheim, Hof, Kulmbach, Marktredwitz, Neustadt b. C., Rodach b. C., Selb; in Mittelfranken: Ansbach, Dinkelsbühl, Eichstätt, Erlangen, Fürth, Nürnberg, Rothenburg o. T., Schwabach, Weißenburg i. B.; in Unterfranken: Aschaffenburg, Bad Kissingen, Kitzingen, Schweinfurt, Würzburg; in Schwaben: Augsburg, Dillingen, Donauwörth, Günzburg, Kaufbeuren, Kempten, Lindau, Memmingen, Neuburg a. D., Neu-Ulm, Nördlingen.

Über die kreisunmittelbaren Städte wird die Staatsaufsicht von der Regierung ausgeübt; ihre Rechte und Pflichten sind in mancher Hinsicht, so insbesondere durch Art. 54 Abs. II—V abweichend von den übrigen Bestimmungen der GO. geregelt; sie müssen auch ein rechtskundiges Mitglied des Gemeinderats anstellen (Art. 15 Abs. I GO.).

Kreisunmittelbarkeit und Nichtzugehörigkeit zu einem Bezirke decken sich — in Zukunft — nicht. Es kann eine Gemeinde kreisunmittelbar sein, aber doch zu einem Bezirke gehören. Art. 39 Abs. I der Bezirksordnung schreibt vor, daß, wenn einer Gemeinde die Kreisunmittelbarkeit verliehen wird, dabei zu bestimmen ist, ob und unter welchen Bedingungen die Gemeinde gleichzeitig aus dem Bezirke auszuscheiden habe, und Art. 39 Abs. II der BezO. schafft die Möglichkeit, daß kreisunmittelbare Gemeinden mit ihrer Zustimmung in den Bezirk aufgenommen werden. Kreisunmittelbare Gemeinden können auch wiederum auf die Kreisunmittelbarkeit verzichten und unter die Zuständigkeit des Bezirkes zurückkehren.

Die kreisunmittelbaren Gemeinden gehören im rechtsrheinischen Bayern dem Bezirksverbande nicht an, wohl aber in der Pfalz (Art. 43 Abs. III Satz 1 BezO.).

Die kreisunmittelbaren Gemeinden haben für den Gemeindebezirk die Zuständigkeit des Bezirksamts (Bezirksverwaltung, Bezirkspolizei), soweit das Gesetz nichts anderes vorschreibt (Art. 54 Abs. II GO.). Änderungen in der Zuständigkeit der Bezirksämter ergeben ohne weiteres auch die gleichen Änderungen der Zuständigkeit der kreisunmittelbaren Gemeinden (VGH. 31, 130; 43, 14). Wenn auch die Erweiterung der Aufgaben der Bezirkspolizei mittelbar zu einer Erweiterung der Aufgaben der Gemeinde führt, so ist darin doch nicht die Übertragung neuer Aufgaben im Sinne der Bayer. VerfUrk. § 22 Abs. I Satz 4 oder der GO. Art. 50 Abs. II oder des Art. 35 des Bayer. VollzGes. zum Finanzausgleichsgesetze in der Fassung der Bekanntmachung vom 5. Sept. 1927 (GVBl. S. 283) zu erblicken. (VGH. 43, 14; Woerner S. 431; Helmreich-Rock S. 220.)

Alle Befugnisse, die für den Bereich des Bezirksamtes diesem zustehen, stehen für den Bereich der kreisunmittelbaren Gemeinden diesen zu, und zwar gleichgültig, ob es sich um pflegerische oder polizeiliche Tätigkeiten handelt, ob die Gemeinde als Partei beteiligt ist oder nicht (Begr.; VGH. 4, 192), ob reine Verwaltungsgeschäfte oder Verwaltungsstreitsachen in Frage stehen. (Woerner S. 431; Kahr 1, 825; Helmreich-Rock S. 219; a. A. VGH. 4, 435.)

Eine bedeutsame Ausnahme von der erstinstanziellen Zuständigkeit der Stadträte unmittelbarer Städte in Verwaltungsrechtssachen besteht im Anschluß an die ständige Rechtsprechung des Verwaltungsgerichtshofs, die auch durch die GO. von 1927 nicht berührt wird, bei Streitigkeiten über Ansprüche und Verbindlichkeiten, die auf dem Gemeindeverband beruhen. An dieser Anschauung hat der Verwaltungsgerichtshof in konstanter Rechtsprechung (vgl. u. a. 1, 65; 4, 429; 7, 92, 141; 8, 174; 10, 252; 12, 303; 18, 93) in Übereinstimmung mit Dyroff, VGG. (Anm. 3 IIIb, aa zu Art. 9 VGG.) und den meisten anderen (vgl. Bl. f. adm. Pr. 31 S. 1ff.; 34 S. 65; 37 S. 393; 39 S. 38; Seydel-Piloty S. 524ff.) gegen Kahr II S. 106ff. festgehalten. Die Entscheidung solcher Streitigkeiten kommt hier in erster Instanz der der

Gemeinde vorgesetzten Verwaltungsbehörde, also der Kreisregierung, zu. Beschlüsse der Gemeindeverwaltungen in solchen Streitigkeiten sind bloße Parteierklärungen, die der Entscheidung der vorgesetzten Verwaltungsbehörde nicht vorgreifen und von deren Abgabe an eine Frist nicht läuft. Wer also ein im Gemeindeverband wurzelndes Recht in Anspruch nimmt oder auf Grund des Gemeindeverbands von der Gemeinde in Anspruch genommen wird, braucht sich gegen den diesbezüglichen Beschluß der Gemeindeverwaltung nicht binnen 14 Tagen (Art. 22 Abs. IV VGG.) zu beschweren, sondern kann jederzeit die Entscheidung der vorgesetzten Verwaltungsbehörden herbeiführen.

Unter diese der Entscheidung durch die Gemeindebehörden entrückten Streitigkeiten fallen Streitigkeiten nach VGG. Art. 8 Ziff. 19 (Recht zur Erhebung von Weg-, Pflaster- usw. Geldern), Ziff. 26 (Stimmrecht in Gemeindeangelegenheiten), Ziff. 28 (Ansprüche auf Nutzungen an Gemeindevermögen), Ziff. 29 (Verteilung von Gemeindegründen), Ziff. 30 (Verbindlichkeit zur Teilnahme an Gemeindelasten), Ziff. 31 (Verpflichtung zur Entrichtung von gemeindlichen Verbrauchssteuern und sonstigen örtlichen Abgaben einschließlich der Zuwachssteuer; Benützung der Gemeindeanstalten und Verbindlichkeit zur Entrichtung von besonderen Vergütungen hiefür; Rückvergütung der gemeindlichen Biersteuer und sonstiger örtlicher Verbrauchssteuern und Abgaben), Ziff. 33 (Wahlrecht und Wählbarkeit zu Gemeindeämtern; Gültigkeit solcher Wahlen; Verpflichtung zur Übernahme jener Ämter; Berechtigung und Verpflichtung zum Austritt), Ziff. 38 (Verbindlichkeit zur Teilnahme an den Gemeindelasten, -diensten und anderen Leistungen für Schulzwecke).

Dasselbe gilt für Streitigkeiten über den Genuß öffentlicher Stiftungen, die von einer Gemeinde verwaltet werden, jedoch mit der Einschränkung, daß die verwaltungsrechtliche Entscheidung sich auf die Anerkennung der behaupteten stiftungsmäßigen Bewerbungs- bzw. bevorzugten Bewerbungsberechtigung zu beschränken hat, während die Verleihung des Stiftungsgenusses der Stiftungsverwaltung zusteht (VGH. 18, 91). Helmreich-Rock S. 220.

Alle den kreisunmittelbaren Gemeinden durch Art. 54 Abs. II übertragenen Geschäfte fallen in den übertragenen Wirkungskreis der Gemeinden. Bei diesen Geschäften gibt es daher (gegenüber Woerner S. 431 bestritten) kein Selbstverwaltungsrecht, die kreisunmittelbaren Gemeinden sind den übergeordneten staatlichen Behörden in gleicher Weise unterworfen, wie das Bezirksamt. Die Gemeinden können daher auch in diesen Angelegenheiten gegen Anordnungen der übergeordneten Staatsbehörden keine Beschwerde führen, und auch den Verwaltungsgerichtshof auf Grund des VGG. Art. 10 Nr. 2 nicht anrufen.

Art. 54 GO. sagt in Abs. III:

Die orts- und bezirkspolizeilichen Vorschriften erläßt in

den kreisunmittelbaren Gemeinden der Gemeinderat oder ein beschließender Ausschuß (Senat).

Abs. IV des Art. 54 GO.:

Die übrigen orts- und bezirkspolizeichen Geschäfte versieht in diesen Gemeinden der Gemeinderat oder ein beschließender Ausschuß (Senat) mit der Einschränkung, daß für die Handhabung der Sicherheitspolizei der erste Bürgermeister allein zuständig und verantwortlich ist. Der erste Bürgermeister ist außerdem berechtigt und verpflichtet, in allen dringenden Fällen die dem Gemeinderate nach Satz 1 zustehenden polizeilichen Befugnisse auszuüben.

Die Aufgaben der Sicherheitspolizei sind damit der Zuständigkeit des Gemeinderats und des Senats entrückt. Der erste Bürgermeister braucht diese Angelegenheiten dem Gemeinderat oder dem Senat nicht vorzulegen; er kann sie ihm vorlegen, Beschlüsse und Weisungen des Gemeinderats oder des Senats sind aber für den ersten Bürgermeister nicht bindend (Woerner S. 432).

Die polizeilichen Verfügungen des Bürgermeisters unterliegen, ebenso wie die Beschlüsse des Stadtrats, der staatsaufsichtlichen Kontrolle (VGG. 44, 42).

Eine Sonderstellung als Großstadt hat in Deutschland in ausgeprägter Weise nur Berlin, indem es keinem Regierungsbezirksverband unterliegt, was vielfach Sonderbestimmungen zur Folge hat. Andere Großstädte bilden Kreise für sich. In England bildet ebenso London einen besonderen County; in Frankreich hat Paris sich eine Sonderstellung erobert, welche ihm allein von allen französischen Städten eine gemeindliche Selbständigkeit sichert (Staatslexikon II S. 11, 39).

Staatliche Polizei.

In Süddeutschland, in Bayern, besonders aber in Württemberg — hier ist allerdings neuestens die Ortspolizei in weitem Umfange verstaatlicht worden; das Gesetz über die staatliche Polizeiverwaltung vom 16. Dez. 1921 überträgt die Sicherheits- und Kriminalpolizei in den großen unmittelbaren Städten auf staatliche Polizeiämter; vgl. v. Kochler, ArchÖffR. 42, 206 ff. — und Baden herrscht das Prinzip der kommunalen Ortspolizei. Dagegen ist in Preußen das staatliche Polizeimonopol streng durchgeführt. Die Ortspolizei gilt nicht als Recht der Gemeinde, sondern als Recht des Staates und zwar als ein solches, welches der Staat nicht aus der Hand gibt. Die Ortspolizei gehört nach diesem System weder zum „eigenen" noch zum „übertragenen" Wirkungskreise der Gemeinde; sie ist, wenn sie nicht, wie in den größten Städten Preußens, von unmittelbaren Staatsbehörden (Polizeipräsidien, Polizeidirektionen), sondern kraft der ihm gesetzlich auferlegten Verpflichtung vom Bürgermeister verwaltet wird, eben nur dem Bürgermeister, also dem Gemeindevorsteher, nicht der Gemeinde übertragen, um echte Dezentralisation, um Delegation eines Staatshoheitsrechtes an ein vom Staate verschiedenes Rechtssubjekt zwecks Selbstverwaltung handelt es sich dabei nicht.

Eine praktische Annäherung des süddeutschen Systems an das preußisch-sächsische ergibt sich übrigens einmal daraus, daß auch in den süddeutschen Ländern die Ortspolizei in bestimmten Orten, namentlich in größeren Städten, durch Verwaltungsakt verstaatlicht werden kann, und sodann daraus, daß in diesen Staaten mit kommunaler Ortspolizei die polizeiliche Tätigkeit der Gemeindeorgane unter einer besonders gestalteten verstärkten Aufsicht der Staatsverwaltungsbehörden steht, welche, mehr Leitung als wahre Aufsicht, den Staatsbehörden das Recht gibt, die kommunale Polizeiverwaltung mit Weisungen zu versehen und u. a. sogar (insbesondere auf dem Gebiete der Sicherheitspolizei im engeren Sinne; vgl. Württemb. GO. vom 28. Juli 1906, Art. 194 Abs. 3) unmittelbar einzugreifen, d. h. die ihnen geboten erscheinenden Anordnungen an Stelle der Gemeindebehörde zu treffen, so daß also die Unterordnung der kommunalen Polizeiorgane unter die höhere Verwaltungsbehörde taktisch kaum minder streng ist wie in Preußen oder Sachsen (Anschütz III S. 466 f.).

Die Bayer. GO. vom 17. Okt. 1927 stellt in Art. 51 Abs. 1 den Grundsatz auf, daß von den Polizeibehörden im Zweifel, d. h. wenn nichts anderes bestimmt ist, die Ortspolizeibehörde zuständig ist. Da aber die ortspolizeiliche Tätigkeit als eine übertragene staatliche Tätigkeit in den übertragenen Wirkungskreis der Gemeinde fällt, kann — nach Woerner (S. 411); Kahr (1, 817); lebhaft bestritten — die höhere Polizeibehörde jederzeit die Zuständigkeit der Ortspolizeibehörde an sich ziehen und dadurch deren Zuständigkeit ausschließen. Die zuständigen Staatsbehörden haben nach

Art. 51 Abs. I Satz 2 GO.

„das Recht, die Handhabung der Ortspolizei zu überwachen und den Gemeinden die nötigen Weisungen zu erteilen";

Abs. III Satz 3 sagt:

„Bei Gefahr im Verzuge sind die zuständigen Staatsbehörden berechtigt, die erforderlichen Maßnahmen selbst zu treffen und Anordnungen an die Polizeibeamten der Gemeinde zu richten; diese sind verpflichtet, den Anordnungen Folge zu leisten. Die Staatsbehörde hat den ersten Bürgermeister von diesen Maßnahmen und Anordnungen unverzüglich zu verständigen."

Art. 52:

„I. Aus Rücksicht auf die öffentliche Sicherheit kann das Staatsministerium des Innern anordnen, daß die Polizeigewalt in

Gemeinden vorübergehend ganz oder teilweise durch staatliche Beamte ausgeübt wird. Die Polizeibeamten der Gemeinde sind verpflichtet, den Anordnungen der mit der Ausübung der Polizeigewalt betrauten öffentlichen Beamten Folge zu leisten.

II. Bei Gefahr im Verzuge kann die Staatsaufsichtsbehörde der Gemeinde die gleichen Anordnungen treffen; sie ist verpflichtet, unverzüglich die Entscheidung des Staatsministeriums des Innern einzuholen.

III. Erstreckt sich die Ausübung der Polizeigewalt durch staatliche Beamte nach Maßgabe der Abs. I und II auf länger als ein Jahr, so ist eine gesetzliche Regelung des Zustandes notwendig."

Die erhöhte staatliche Einflußnahme geht zurück auf Gesetz zur Abänderung der GO. und des PStGB. vom 24. Aug. 1923, wonach Art. 98 der (bisherigen) GO. für die Landesteile r. d. Rh. anders gefaßt und Art. 98a eingefügt wurde, ferner Art. 169 Abs. II eine neue Fassung erhielt. Das PStGB. vom 26. Dez. 1871 bekam die Art. 3 Abs. I und 4 Abs. II abgeändert und in Art. 3 einen weiteren Absatz III beigefügt. Der durch vorstehende Gesetze festgelegte Inhalt ist materiell, wenn auch nicht dem Wortlaute nach, in die neue GO. übergegangen.

Während das unmittelbare Eingreifen der vorgesetzten Behörde in dringenden Fällen nach Art. 51 Abs. III Satz 3 GO. die Regelung polizeilicher Angelegenheiten in bestimmten Fällen zum Ziele hat, handelt es sich bei Art. 52 um eine organisatorische Maßnahme, zu der als letztes Mittel dann gegriffen werden muß, wenn sich auf andere Weise ein befriedigendes Arbeiten der gemeindlichen Polizeiverwaltung, insbesondere ein Zusammenarbeiten mit der etwa bestehenden staatlichen Polizeibehörde nicht herbeiführen läßt (Begr.).

Eine Sonderregelung ist für unmittelbare Städte getroffen. Auf den Gesetzestext des Art. 55 GO. sei verwiesen.

Artikel 52 bezieht sich auf alle Gemeinden, Art. 55 nur auf kreisunmittelbare Gemeinden, Art. 52 auf sämtliche polizeiliche Aufgaben, Art. 55 nur auf die Sicherheitspolizei und bestimmte damit eng zusammenhängende Zweige der Polizei. Art. 52 stellt eine vorübergehende, Art. 55 eine dauernde Einrichtung dar (Woerner S. 423). Art. 52 ist für Notfälle bestimmt, in denen die Mittel der Dienstaufsicht zur Sicherstellung der ordnungsmäßigen Handhabung der Polizeigewalt nicht ausreichen (Landtag 1922/23 sten. Berichte 8, S. 859); die staatlichen Beamten handeln hier an Stelle der Gemeinde; die Beschwerde gegen ihre Handlungen führt daher an dieselbe Stelle, welche über die Beschwerde zu entscheiden hätte, wenn die Gemeinde selbst tätig werden könnte.

Die Übertragung der Sicherheitspolizei nach Art. 55 GO. ist nicht auf bezirkspolizeiliche Befugnisse beschränkt; hier stehen also, wie es in der Natur der Sache liegt, der staatlichen Behörde auch die ortspolizeilichen Befugnisse zu (VGH. 44, 45).

Von dem Vorbehalte des Art. 55 GO., gewisse Gegenstände der Bezirkspolizei auf Kosten des Staates zu übernehmen und hiefür eigene Beamte aufzustellen, hat die Staatsregierung bei allen unmittelbaren Städten in bezug auf die Presse, sowie in bezug auf die sicherheitspolizeilichen Zuständigkeiten in Fällen bedrohter oder gestörter öffentlicher Ruhe Gebrauch gemacht und durch die noch geltende Min.-Bek. vom 29. Juni 1869 (Weber 8 S. 216) verfügt, daß diese vorbehaltenen Befugnisse in den Kreishauptstädten durch ein hiezu bestimmtes Kollegialmitglied, Stadtkommissär genannt, in anderen Städten durch die Bezirksämter als Nebenfunktion ausgeübt werden (Helmreich-Rock S. 222).

Bayern hat von der Befugnis des Art. 55 bisher nur ganz ausnahmlichen Gebrauch gemacht. Staatliche Polizeidirektionen sind bisher in Bayern nur in München und Nürnberg-Fürth errichtet. Vergleiche hiewegen Verordnung vom 2. Okt. 1869 (Weber 8, 335), Verordnung vom 24. Juni 1898 über die Errichtung von Polizeiämtern bei der Polizeidirektion München (GVBl. S. 345) und Bek. vom 25. Juni 1898 (GVBl. S. 347). Für die Städte Nürnberg-Fürth besteht eine gemeinsame staatliche Polizeidirektion Nürnberg-Fürth mit weniger umfassender Zuständigkeit; vgl. VO. vom 24. Aug. 1923 (VGBl. S. 282) und Bek. vom 29. Okt. 1923 (VGBl. S. 369).

Bezüglich des sachlichen Wirkungskreises der neu errichteten Polizeidirektion Nürnberg-Fürth sei auf die §§ 2 mit 12 (Unterabteilungen: I Engere Sicherheitspolizei, II Mitwirkung bei der Strafrechtspflege und Sittenpolizei, III Meldewesen, Fremden- und Verwaltungspolizei, IV Verkehrspolizei) der auf Grund der Ermächtigung des § 5 der VO. über die Errichtung einer Polizeidirektion in Nürnberg vom 24. Aug. 1923 (GVBl. S. 382) ergangenen Bekanntmachung des Staatsministeriums des Innern über den Wirkungskreis der Polizeidirektion Nürnberg-Fürth vom 29. Okt. 1923 (GVBl. S. 370) verwiesen (Pausch S. 50ff.).

Die übrigen kreisunmittelbaren Gemeinden sind noch durch die Bekanntmachung vom 29. Juni 1869 (Weber 8, 216) gebunden. Hiernach sind in den kreisunmittelbaren Städten die den Bezirkspolizeibehörden vorbehaltenen Befugnisse in bezug auf Presse, sowie die sicherheitspolizeilichen Zuständigkeiten in Fällen bedrohter oder gestörter öffentlicher Ruhe durch Staatsbeamte, und zwar in den Kreishauptstädten durch vom Regierungspräsidium widerruflich hierzu zu bezeichnende Kollegialmitglieder, welche den Titel „Kommissär der Stadt ...“ führen, außerdem aber durch die Bezirksämter, und wenn sich deren mehrere in einer Stadt befinden, durch das vom Staatsministerium des Innern bezeichnete auszuüben (Woerner S. 435).

Wegen der einzelnen Weisungen der Staatsaufsichtsbehörde steht der Gemeinde kein Beschwerderecht zu; denn sie ist Vollzugsorgan des Staates, nicht Partei (Woerner S. 436, a. A. Helmreich-Rock S. 223 Anm. 8). Sie hat wie jede untergeordnete Behörde nur die Möglichkeit, ihre gegenteilige Auffassung der staatlichen Polizeibehörde gegenüber darzulegen; eine aufschiebende Wirkung kommt dieser Gegenvorstellung nicht zu.

Die Beamten der staatlichen Polizei sind unmittelbare Staatsbeamte. Die staatliche Polizei steht der Gemeindebehörde grundsätzlich gleichgeordnet gegenüber. Sie hat keine Aufsicht über Gemeindeangelegenheiten, wohl aber ist die Gemeinde, wie jeder andere Verband, in dem der staatlichen Polizei zugewiesenen Aufgabenbereiche dieser unterstellt und hat ihren Anordnungen Folge zu leisten.

Bei Verhängung des Ausnahmezustandes haben „besondere Beauftragte" der Staatsregierung (Staatskommissäre) für die Aufrechterhaltung der öffentlichen Sicherheit und Ordnung zu sorgen. Vergleiche die zuletzt ergangene Verordnung vom 18. Febr. 1924, Staatsanz. Nr. 42. Den Staatskommissären wurde insbesondere jeweils in Abweichung von dem verfassungsmäßigen Grundsatz der Unverletzbarkeit der persönlichen Freiheit (Art. 114 der Reichsverfassung) die Befugnis zur Verhängung von Schutzhaft und Aufenthaltsbeschränkungen eingeräumt (Dollacker S. 9).

Zu Polizeizwecken kann letzten Endes die bewaffnete Macht in Anspruch genommen werden. Nach § 17 des Wehrgesetzes vom 23. März 1921 (RGBl. S. 329) hat die Wehrmacht auf Anfordern der Landesregierung und der von dieser bestimmten Behörden im Falle öffentlicher Notstände oder einer Bedrohung der öffentlichen Ordnung Hilfe zu leisten.

Neben dem Reichskriminalpolizeigesetz vom 21. Juli 1922 (RGBl. S. 593) sei schließlich noch verwiesen auf die Bayer. Bekanntmachung über die Rechtsstellung der kasernierten Landespolizei und der dienstliche Verkehr mit ihren Angehörigen vom 19. Januar 1921 (Staatsanzeiger Nr. 71), worin ausgeführt ist, daß die Angehörigen der kasernierten Landespolizei ohne Rücksicht darauf, ob sie in geschlossenen Verbänden eingesetzt sind oder einzeln tätig sind, Beamte des Polizei- und Sicherheitsdienstes sind. Sie haben daher alle diesen Beamten zukommenden Rechte und Verpflichtungen, insbesondere die Aufgabe, Übertretungen der Strafgesetze möglichst hintanzuhalten und in ihrem Laufe zu unterdrücken und beim Vorliegen der gesetzlichen Voraussetzungen vorläufige Festnahmen zu betätigen.

Über das Verhältnis zwischen Polizei und Wehrmacht gibt die Bekanntmachung des Staatsmin. des Innern vom 18. Aug. 1921 (MinABl. S. 144) näheren Aufschluß.

In Preußen kann nach § 2 des PolVerwGes. vom 11. März 1850 (in neuer Fassung) in Gemeinden, wo sich eine Bezirksregierung oder ein Landgericht befindet, sowie in Festungen und in Gemeinden von mehr als 10000 Einwohnern die örtliche Polizeiverwaltung durch Beschluß des Ministeriums des Innern besonderen Staatsbeamten übertragen werden. Auch in anderen Gemeinden kann aus dringenden Gründen dieselbe Einrichtung zeitweise eingeführt werden. Staatliche Polizeibehörden bestehen in: Aachen, Altona, Berlin (zugleich Landespolizei), Bielefeld, Bochum-Gelsenkirchen, Bochum mit Herne, Breslau, Dortmund-Hörde, Duisburg-Hamborn, Elberfeld, Barmen-Remscheid-Solingen, Erfurt, Essen, Frankfurt a. M., Geestemünde, Gelsenkirchen, Gleiwitz, Hagen i. W., Halle, Hamm, Hanau, Hannover-Linden, Hindenburg, Kassel, Kiel, Köln, Königsberg i. Pr., Magdeburg, Mülheim (Ruhr), Potsdam mit Umgebung, Recklinghausen-Buer-Bottrop-Gladbeck, Sterkrade, Stettin, Suhl, Wesel, Wesermünde, Witten. 1926 erhielt auch Düsseldorf staatliche Polizei. (Stier-Somlo S. 522.)

Kriminelle Polizei.

In der sicherheitspolizeilichen Tätigkeit berühren sich Verwaltung und Strafrechtspflege. Die Sicherheitspolizei hat die Abwehr von Gefahren und Störungen, die Verhütung und Bekämpfung von Rechtsverletzungen, die gerichtliche Polizei die Entdeckung begangener strafbarer Handlungen und die Bestrafung des Täters zum Gegenstande. Das tatsächliche Ineinandergreifen beider Tätigkeiten hat zur Folge, daß die Organe der Sicherheitspolizei aus Zweckmäßigkeitsgründen (Schoen S. 208) in den Dienst der gerichtlichen Polizei gestellt sind, jedoch nicht selbständig, sondern in Abhängigkeit von den Organen der Rechtspflege.

Der maßgebende § 153 des Reichsgerichtsverfassungsgesetzes vom $\frac{\text{27. Januar 1877}}{\text{17. Mai 1898}}$ nebst späteren Änderungen lautet: „Die Beamten des Polizei- und Sicherheitsdienstes sind Hilfsbeamte der Staatsanwaltschaft und sind in dieser Eigenschaft verpflichtet, den Anordnungen der Staatsanwälte bei dem Landgerichte ihres Bezirkes und der diesen vorgesetzten Beamten Folge zu leisten." Nach dem AusfGes. zum Gerichtsverfassungsgesetz Art. 56 gehören die Bürgermeister und deren Stellvertreter zu den Hilfsbeamten der Staatsanwaltschaft; im Falle des Bedürfnisses können auch weitere Gemeindebeamte und Bedienstete als Hilfsbeamte der Staatsanwaltschaft bezeichnet werden. Hilfsbeamte der Staatsanwaltschaft — die nähere Bezeichnung der einschlägigen Beamtengruppen erfolgt durch die Landesregierungen — sind in Bayern: Die Bürgermeister und deren Stellvertreter, die Bezirksamtsvorstände und deren Stellvertreter, die Gendarmerie- und Polizeibeamten, die Forst- und Feldschutzbeamten und -bediensteten, die Bevollmächtigten zur Überwachung der Ein- und Ausfuhr, die Zollgrenzkommissare, die Beamten des Steueraußendienstes und die oberen Beamten und Zugswachtmeister der Landespolizei, die bei einer Hundertschaft oder Streifstaffel eingeteilt sind.

Zu Hilfsbeamten der Staatsanwaltschaft im Sinne des § 153 GerichtsverfGes. sind die Angehörigen der kasernierten Landespolizei nicht erklärt.

Die Hilfsbeamten der Staatsanwaltschaft sind deren Anordnungen in krimineller Hinsicht unterstellt. Der Zweck des § 153 Abs. I GerichtsverfGes. ist — StPO. Dr. P. Daude, 7. Aufl., Anm. zu 153 — lediglich der, die Staatsanwaltschaft in den Stand zu setzen, den Beamten der Sicherheitspolizei unmittelbar Aufträge und Befehle erteilen zu können. Dadurch werden aber die Polizeibeamten nicht Beamte der Staatsanwaltschaft in dem Sinne, daß sie als Mitglieder oder Vertreter der Staatsanwaltschaft als Behörde betrachtet werden könnten. Auch unterstehen sie nicht der Dienststrafgewalt der Staatsanwaltschaft. Ein bei Beamten des Polizei- und Sicherheitsdienstes nur mündlich angebrachter Strafantrag hat keine Wirksamkeit. (§ 156 StPO.; E. d. Reichsgerichts in Strafsachen 3, 55.)

Die RStPO. hat ferner (§§ 105, 156, 157, 159, 161, 187) den Organen des Polizei- und Sicherheitsdienstes ohne Rücksicht darauf, ob sie Hilfsbeamte der Staatsanwaltschaft sind, eine Reihe von Angelegenheiten der gerichtlichen Polizei übertragen (Seydel-Graßmann S. 226). Die Polizei- und Sicherheitsbeamten haben unter Umständen das Recht der vorläufigen Festnahme (StPO. § 127) und der Erforschung strafbarer Handlungen (StPO. § 163), die als Hilfsbeamte der Staatsanwaltschaft erklärten Polizei- und Sicherheitsbeamten auch das Recht der Beschlagnahme (StPO. § 98) und der Durchsuchung (StPO. § 105).

Ergänzend sei noch Art. 20 Abs. I des Bayer. PStGB. angeführt: In allen Fällen, welche mit Strafe gesetzlich bedroht sind, ist die zuständige Polizeibehörde, vorbehaltlich der späteren Strafverfolgung, soweit nötig, zur vorläufigen Einschreitung befugt.

Die Normen, nach welchen die Polizei als kriminelle Polizei tätig wird, sind nicht Verwaltungs-, sondern Justizrecht und gehören dem Strafprozeßrechte an. Die Kriminalpolizei ist das staatliche Organ der Gerichte zur Durchführung des Strafprozesses im Sinne des Strafklageverfahrens und seiner Vorbereitung neben der Staatsanwaltschaft. Die Kriminalpolizei unterscheidet sich dadurch einerseits von der vorbeugenden Sicherheitspolizei — Art. 102 des Bayer. AusfGes. vom 18. Aug. 1879 zur StPO., GVBl. S. 781 —, andererseits von der Strafvollstreckung. Sie bezweckt die Aufdeckung, Unterdrückung und Verfolgung kriminell strafbarer Handlungen, ist also Hilfsmittel der Rechtsanwendung. (Anschütz III S. 436.)

Die Behörden und Beamten des Polizei- und Sicherheitsdienstes sind in verschiedenen Fällen zur Ausführung der gerichtlichen Anordnungen verpflichtet, ohne daß ihnen das Recht einer sachlichen Nachprüfung zusteht: z. B. Unterbringung eines jugendlichen Angeschuldigten in einer Erziehungs- und Besserungsanstalt nach § 56 Abs. II StGB. In anderen Fällen hat die Polizeibehörde zu ermessen, ob sie die gerichtliche Anordnung vollziehen will oder nicht: Schließung einer Anstalt nach Art. 17 Abs. II PStGB., Verhängung der Polizeiaufsicht nach §§ 38, 39 StGB., Überweisung an die Landespolizei nach § 362 StGB. usw.

Zur besseren Bekämpfung des Verbrechertums durch Zusammenwirken der Polizeibehörde und Anwendung besonderer kriminalistischer Hilfsmittel ist ein Landeskriminaldienst eingerichtet, der in Bayern von den Polizeidirektionen München und Nürnberg-Fürth ausgeübt wird. (Bayer. Min.-Bek. vom 24. Dez. 1927, Staatsanz. S. 298.) (Kneuer S. 133.) Die Landeskriminalbehörden haben nach § 3 des Reichskriminalgesetzes vom 21. Juli 1922 (RGBl. S. 593) die Aufgabe erhalten, Straftaten, welche die öffentliche Sicherheit besonders bedrohen, zu verhüten.

Vergleiche auch §§ 55, 56 der Gendarmerie-Dienstvorschrift vom 18. Juli 1922 (MinABl. S. 223 ff.). (Dollacker S. 6.)

VIII. Verwaltungs- und Rechtskontrolle.

Schon im Laufe des 17. Jahrhunderts war in Deutschland die Zuständigkeit der ordentlichen Gerichte mehr und mehr auf die Zivil- und Strafrechtspflege beschränkt worden. Auf die Entscheidung von Streitigkeiten mit der damals emporkommenden und immer mächtiger anwachsenden staatlichen Verwaltung („Polizei" im Sinne des damaligen Sprachgebrauchs) erstreckte sich diese Zuständigkeit nicht: „In Polizeisachen gilt keine Appellation" (nämlich an den ordentlichen Richter). Im 18. Jahrhundert wurde dieser Grundsatz noch schärfer und folgerichtiger ausgeprägt. Nur, wer sich mit Privatpersonen über Privatrechte streiten wollte, konnte die Justiz anrufen; wer sich durch die Tätigkeit der landesherrlichen Verwaltungsbehörde verletzt fühlte, konnte es nicht. Er konnte lediglich „Beschwerde" einlegen. Über die Beschwerde wurde im schriftlichen und geheimen Verfahren und auf Grund der Akten entschieden durch eine höhere Behörde, welche der Unabhängigkeit entbehrte. (Anschütz IV S. 327.)

Im 19. Jahrhundert haben sich diese Verhältnisse völlig geändert. Die jetzt einsetzende Modernisierung der Justiz machte die Gerichte unabhängig von jedem Regierungs- und Verwaltungseinfluß, ihre Organisation und ihr Verfahren wird stetig verbessert: Regelung des Instanzenzugs und der Rechtsmittel, Mündlichkeit und Öffentlichkeit der Verhandlung, Anklageprozeß, Schwurgerichte. Alle diese und andere Garantien der Gesetzmäßigkeit und Sachlichkeit der Streitentscheidung fehlten dem Verwaltungsbeschwerdewege, welcher unter diesem Gesichtspunkte nicht sowohl schlechter war wie der moderne Rechtsweg, als auch schlechter wie die Verwaltungsweg in älteren Zeiten. Eine Verschlechterung im letzteren Sinne war vor allem dadurch eingetreten, daß zu Anfang des 19. Jahrhunderts (Preußen 1808—1810, Bayern und Württemberg 1806, Baden 1809) die kollegiale Einrichtung der obersten Verwaltungsinstanzen durch die büromäßige, mit anderen Worten durch das System der Ministerien ersetzt wurde, somit eine sehr wesentliche Garantie unparteiischer und gerechter Verwaltungsentscheidungen verschwand, während andererseits die Unabhängigkeit der unteren Verwaltungsorgane von den Ministerien stetig verschärft, die Energie und Intensität der gesamten Verwaltungstätigkeit, ohne sonderliche Rücksichtnahme auf die Interessen der Einzelnen, gesteigert wurde.

Die konstitutionellen Verfassungen (Bayern, Baden, Württemberg, Hessen 1818—1820, Sachsen 1831, Preußen 1848) bringen zwar das Verhältnis zwischen Verwaltung und Individuum in eine rechtliche Ordnung, sie setzen an Stelle des „Polizeistaates", der Verwaltung nur nach Zweckmäßigkeitsrücksichten, den „Rechtsstaat": Die Verwaltung auf Grund und innerhalb der Schranken der Gesetze. Doch hatte das zunächst mehr theoretische als praktische Bedeutung. Der Rechtsstaat war proklamiert, aber der Polizeistaat dauerte fort, weil man es versäumt hatte, wirksame Schutzeinrichtungen zu treffen, welche dem Prinzip der gesetzmäßigen Verwaltung im Streitfalle Achtung verschafften. Wer anstatt mit dem Nachbarn mit den Organen der öffentlichen Gewalt, nämlich mit der Polizei streiten wollte, sah sich unter Ausschluß des Rechtsweges auf den Weg der Verwaltungsbeschwerde an die höhere Instanz, zuletzt an den Ressortminister, angewiesen. War demnach die Verwaltung auch nicht mehr, wie ehedem, ihr eigener Gesetzgeber, so blieb sie doch auch nach der Verfassung ihr eigener Richter. „Der de iure abgeschaffte Polizeistaat lebte de facto fort; niemals hat die preußische Verwaltung so ungescheut wie damals (in der dem Eintritte des konstitutionellen Regimes auf dem Fuße folgenden „Reaktionszeit" [1850—1858]) nach dem Grundsatze handeln dürfen: Erlaubt ist, was mir gefällt." (Anschütz IV S. 328.)

Die Reform wurde auf verschiedenen Wegen versucht. Als das nächst liegende erschien die Übertragung der streitentscheidenden Pflege des Verwaltungsrechts an die ordentlichen Gerichte. Schon die Frankfurter Grundrechte des Deutschen Volkes von 1848 wollten diesen Gedanken zum Gesetz erheben: „Die Verwaltungsrechtspflege (d. h. alle den Verwaltungsbehörden zustehende Gerichtsbarkeit) hört auf; über alle Rechtsverletzungen entscheiden die Gerichte" (Reichsverfassung von 1849, § 182). Neben dem Liberalismus der 60er Jahre entstand ihm in Otto Bähr („Der Rechtsstaat" 1864) sein hervorragendster theoretischer Vertreter. Inzwischen war ihm aber, namentlich durch die bahnbrechenden Arbeiten Gneists über englisches und deutsches Verwaltungsrecht eine Gegnerschaft erwachsen, welche das Problem des Rechtsschutzes auf dem Gebiete der Verwaltung auf einem anderen Wege lösen wollte. Schon 1860 hatte Gneist (Engl. Verf.- und Verw.-Recht Bd. 2 1. Aufl. S. 887 ff.) den Gedanken der Rechtskontrolle der Verwaltung durch die ordentlichen Gerichte verworfen: Die Garantie gesetzmäßiger Verwaltung dürfe nicht in der Unterordnung unter die Justiz gesucht, sondern müsse gefunden werden in einer dem Zwecke des Rechtsschutzes entsprechenden Neugestaltung der Verwaltung selbst: Eine gewisse Justizähnlichkeit der Verwaltung in Organisation und Verfahren sei anzustreben. Das wesentliche sei „die Trennung der höchsten Beschwerdeinstanz von der laufenden Ministerverwaltung". Damit war die Forderung besonderer Verwaltungsgerichte — justizförmiger Einrichtungen mit prozeßähnlichem Verfahren innerhalb, nicht außerhalb des administrativen Organismus — im Kerne bereits erhoben. Eine erste Verwirklichung fand sie im Großherzogtum Baden: Ges. über die Organisation der inneren Verwaltung vom 5. Okt. 1863. Ihren Sieg in Deutschland entschied die Einführung der Verwaltungsgerichte in Preußen durch die Verwaltungsreform der Jahre 1872—1883. (Anschütz IV S. 329.)

In Deutschland wurden Verwaltungsgerichte eingesetzt: In Baden (1863, spätere Gesetze von 1880 und 1884), in Preußen (1875, 1880), Hessen (1875), Württemberg (1876), Bayern: Ges. vom 8. Aug. 1878, betr. die Errichtung eines Verwaltungsgerichtshofes und das Verfahren in Verwaltungsrechtssachen, Braunschweig (1895), Sachsen (1900), außerdem in einigen kleineren Staaten, zuletzt in Oldenburg (1906) und in den Thüringischen Ländern (1912). Keinen Verwaltungsgerichtshof haben die beiden Mecklenburg, Bremen, Schaumburg-Lippe und Waldeck. In Österreich besteht seit 1875 der Verwaltungsgerichtshof, der in erster und letzter Instanz entscheidet, und dazu das Reichsgericht, welches — ganz anders als das gleichnamige Gericht in Deutschland — zu erklären hat, ob eine Verletzung der verfassungsmäßigen politischen Rechte vorliegt. (Kohler S. 174.)

Das Deutsche Reich hat kein allgemeines Oberverwaltungsgericht, auch keinen Kompetenzkonfliktshof. Wir haben aber eine Vielheit von Spezialgerichtshöfen, wobei das Verfahren nach den Grundsätzen des Offizialprinzips geregelt ist. So das Patentamt. Verwaltungsgerichte sind ferner in Sachen der Reichsversicherung die Versicherungsämter als Spruchausschüsse, die Oberversicherungsämter als Spruchkammern, das Reichsversicherungsamt (Spruchsenate), auch hier mit Offizialverfahren (RVO. §§ 1652, 1679, 1701), mit Instanzenordnung und Wiederaufnahme des Verfahrens; in privatrechtlichen Versicherungssachen das Aufsichtsamt für Privatversicherung.

Verwaltungsgericht ist auch das Bundesamt für Heimatwesen als Rechtsmittelinstanz in Streitigkeiten unter Armenverbänden (namentlich unter denen, die verschiedenen Bundesstaaten angehören). Verwaltungsrechtliche Funktion vollziehen auch das (richterlich ergänzte) Reichseisenbahnamt (Ges. 1873), das Reichswirtschaftsgericht, die Reichsrayonkommission, die Seeämter mit Oberseeamt und die Prisengerichte.

Für Reichsabgabesachen ist ein Reichsfinanzhof als oberste Spruch- und Beschlußbehörde errichtet, 27. Juli 1918, mit dem Sitze in München.

Wo immer in Deutschland in den 60er und 70er Jahren des 19. Jahrhunderts das Problem der Verwaltungsgerichtsbarkeit (VG.) in Angriff genommen wurde, nirgends hat man der anfänglich hier und da wohl vorhandenen Neigung, den Rechtsschutz in Verwaltungssachen den ordentlichen Gerichten zu übertragen, Folge geleistet. Ein rechtliches Hemmnis hierfür wäre, was die Landesgesetzgebung betrifft, von Reichs wegen nicht gegeben gewesen (vgl.

EinfG. zum RGVerfGes. § 4; nunmehr anders, Art. 107 der RV.).

Die seit Jahren empfohlene (Juristentag von 1910; vgl. auch Reichstagsverhandlungen von 1912/13, SenBer. S. 5340) Vereinigung obiger Sondergerichte zu einem einheitlichen Reichsverwaltungsgericht, dem man auch noch andere Zuständigkeiten, eventl. die Rechtskontrolle über den gesamten Vollzug der RG. durch die Behörden der Einzelstaaten übertragen könnte (?), steht nunmehr, nachdem die RV. vom 11. Aug. 1919 sich des Gedankens angenommen hat, in Aussicht. (Anschütz IV S. 330.)

Abgesehen von den erwähnten Reichs-Sonderverwaltungsgerichten liegt die VG. in der Hand der Länder, sie ist also grundsätzlich Landesgerichtsbarkeit. Eine Beteiligung von Laien an der VG. ist eingeführt in Preußen, Baden, Hessen und den Kleinstaaten, während die bayerischen, sächsischen und württembergischen Verwaltungsgerichte lediglich mit Berufsbeamten besetzt sind. Ein Ausnahmefall für Bayern liegt (in Ergänzung zu Anschütz IV S. 332) nur vor, soweit die Stadträte (Senate) der unmittelbaren Städte zur verwaltungsgerichtlichen Entscheidung berufen sind. (Art. 22 GO.)

Für Bayern ist das Verwaltungsstreitverfahren grundlegend geordnet durch das Gesetz vom 8. Aug. 1878, betr. die Errichtung eines Verwaltungsgerichtshofes und das Verfahren in Verwaltungsrechtssachen (GVBl. S. 369) mit vielen Nachträgen, durch die Vollzugsvorschriften zum Verwaltungsgerichtsgesetz vom 25. Jan. 1901 (GVBl. S. 41) mit Änderungen sowie durch Gesetz über das Verwaltungsstreitverfahren vom 31. Juli 1910 (GVBl. S. 287). Eine ganz hervorragende Interpretierung hat die ganze Materie erfahren durch den eingehenden Kommentar von Dr. Anton Dyroff, Bayerisches Verwaltungsgerichtsgesetz, in 6. Aufl. 1925 herausgegeben in Ansbach.

In Bayern ist eine völlig selbständige Verwaltungsgerichtsorganisation noch nicht durchgeführt. In den unteren und mittleren Instanzen sind die Verwaltungsbehörden zugleich auch Verwaltungsgerichte. Nur die oberste Instanz, der Verwaltungsgerichtshof, ist ausschließlich Verwaltungsgericht. Erste verwaltungsgerichtliche Instanz sind in der Regel die Bezirksämter bzw. Stadträte (Senate) der unmittelbaren Städte. (Art. 30 des VGG.) Zweite Instanz sind die Kreisregierungen, welche im verwaltungsrechtlichen Senate, gebildet aus drei Mitgliedern, zu entscheiden haben. (Art. 31 VGG.) Letzte Instanz ist der Verwaltungsgerichtshof.

Je nach der Rechtsstellung des Staatsbürgers gegenüber der Verwaltung sind die einzelnen Verfahren mit mehr oder weniger Garantie umgeben. In reinen Verwaltungssachen, wo das Verwaltungsermessen die Hauptrolle spielt, bestehen weit weniger Rechtsschutzbestimmungen als in Verwaltungsrechtssachen. Die Verwaltungsstreitsachen zweiter Ordnung nehmen eine Zwischenstellung zwischen den reinen Verwaltungssachen und den Verwaltungsrechtssachen ein. Das freie Verwaltungsermessen muß sich innerhalb des gesetzlichen Rahmens halten und darf nicht willkürlich sein. Der Staatsbürger kann, gibt er sich mit der ergangenen Verfügung nicht zufrieden, der verfügenden Verwaltungsbehörde gegenüber Gegenvorstellungen erheben. In manchen Fällen ist ihm ausdrücklich das Recht der Verwaltungsbeschwerde an die Oberbehörde eingeräumt. Wo ein solches Recht nicht besteht, kann er immer noch mit der Aufsichtsbeschwerde die oberen Verwaltungsbehörden auf die Sachbehandlung der Unterbehörden aufmerksam machen und eine Korrektur der Verwaltungsverfügung anregen. Da es im allgemeinen bei Verwaltungssachen für die Verwaltungsbehörde, im Gegensatz zum Gewaltunterworfenen, weder eine formelle, noch eine materielle Rechtskraft gibt, kann die Verwaltungsbehörde einer solchen Gegenvorstellung jederzeit entsprechen. (Ausführungen nach dem Grundriß des Verwaltungsrechtes in Bayern und dem Deutschen Reiche von Piloty-Schneider, Leipzig 1921.) Die Verwaltungsbeschwerde (formelle Beschwerde) setzt voraus, daß durch ein Gesetz im materiellen Sinne ein Beschwerderecht ausdrücklich eingeräumt ist. Die Einlegung der Beschwerde schiebt die ganze Angelegenheit vor die Beschwerdeinstanz. (Devolutiveffekt.) Die Prüfung erstreckt sich insbesondere darauf, ob bei Erlaß der angefochtenen Verfügung ein Recht verletzt oder das freie Ermessen unzweckmäßig betätigt wurde. Materielle Rechtskraft hat die Verfügung der Beschwerdeinstanz nicht. Der Instanzenzug hängt grundsätzlich von der Behördenorganisation ab. Er kann bei Verwaltungsbeschwerden eine oder zwei, ausnahmsweise auch drei Instanzen umfassen.

Die Aufsichtsbeschwerde bildet den Gegensatz zur formellen Beschwerde in reinen Verwaltungssachen. Dem Beschwerdeführer steht kein subjektiv-öffentliches Recht gegenüber der Oberbehörde auf Überprüfung des Falles zu. Sie kann für die Aufsichtsbehörde aber eine Anregung bilden, in einem gegebenen Falle von Amts wegen tätig zu werden und das Gebaren der Unterbehörden zu überprüfen. Aufsichtsbeschwerde kann überall ergriffen werden, wo entweder ein förmliches Beschwerderecht nicht gesetzlich eingeräumt ist, wo die Beschwerdefrist versäumt wurde oder wo die Instanzen der formellen Beschwerde erschöpft sind und über der letzten Instanz noch eine höhere Verwaltungsinstanz besteht. In der Regel ist das Ministerium oberste Aufsichtsinstanz. (Nach Piloty-Schneider S. 43.) Bei der Abgrenzung des Kreises der Verwaltungsstreitsachen ist das Gesetz verschieden verfahren. Dem Prinzip nach würden vor die Verwaltungsgerichte alle bestrittenen Rechtsansprüche und Verbindlichkeiten des öffentlichen Rechts gehören, d. h. alle Rechtsverhältnisse, welche sich aus dem Staatsverband oder anderen öffentlich anerkannten Verbänden mittelbar oder unmittelbar ergeben. Allein vorzüglich aus praktischen

Gründen hat man aus der Summe der hiernach in die Zuständigkeit der Verwaltung fallenden Angelegenheiten den Verwaltungsgerichten fast durchwegs nur bestimmt aufgezählte Streitsachen übertragen und außerdem nur in der letzten Instanz hiefür einen eigenen Gerichtshof geschaffen; die unteren Instanzen dagegen werden von den gewöhnlichen Verwaltungsbehörden gebildet. Zwar haben diese bei den sogen. Verwaltungsrechtssachen, für welche der Verwaltungsgerichtshof die oberste entscheidende Stelle ist, ein besonderes Verfahren, beherrscht von der Offizialmaxime und dem Grundsatz der Erforschung der materiellen Wahrheit einzuhalten und dürfen in der Sachentscheidung selbst von den vorgesetzten Stellen nicht beeinflußt werden, wie auch ihre Rechtsentscheidung nicht dem aufsichtlichen Einschreiten derselben unterliegt; auch gelten ähnliche Vorschriften für die Behandlung derjenigen Sachen, bei welchen der Verwaltungsgerichtshof die einzige richterliche Instanz darstellt. Allein der Umstand, daß die entscheidenden Behörden der ersten bzw. zweiten Instanz zugleich als Behörden der aktiven Verwaltung fungieren und als solche den Anweisungen der Oberbehörde Folge zu leisten verpflichtet sind und naturgemäß diesen dienstlichen Gehorsam in ihre gesamte Berufstätigkeit aufnehmen, läßt auch ihre richterliche Unabhängigkeit nicht frei entfalten. Hiezu kommt, daß bei den Entscheidungen des öffentlichen Rechts oft Fragen des Rechts mit Ermessensfragen untrennbar verbunden sind und bezüglich der letzteren auch dem Verwaltungsgerichtshof die Kompetenz zu fehlen pflegt. (Staatslexikon V S. 520.)

Keine deutsche Gesetzgebung unternimmt es, die Gesamtzuständigkeit der Verwaltungsgerichte mit einer einzigen Generalklausel erschöpfend zu bezeichnen. Wo das System der Generalklausel überhaupt angenommen ist (Württemberg, Sachsen, Hamburg; im gewissen Sinne kann man auch Preußen und Baden hieher zählen), wird es nicht statt, sondern neben dem System namentlicher Aufzählung der Verwaltungsstreitsachen (Enumerations- oder Taxationsmethode) angewendet, derart, daß der eine Teil des verwaltungsgerichtlichen Wirkungskreises aufzählend, der andere durch Zusammenfassung in einer Generalklausel bestimmt wird. (Nähere Ausführungen vgl. Anschütz IV 335.) Rein auf die Enumerationsmethode und auch ohne beschränkt wirksame Generalklauseln aufgebaut sind die Zuständigkeitsbestimmungen der bayerischen und hessischen VGGesetze. Die Rechtsansprüche oder Verbindlichkeiten müssen nach bayerischem Gesetze unter eine der Ziffern des Art. 8 in Verbindung mit 12 oder unter die Erweiterungen des Art. 8 fallen: Aufzählungsgrundsatz, sogen. „Enumerierungs- oder Spezialisierungsprinzip", auch Enumerationsmethode, Spezifikations- oder Spezialisierungssystem, kasuistische, taxative Methode genannt. (Dyroff S. 266c, Seydel-Piloty S. 419ff., VGH. 12 S. 320 usw.)

Allgemeine Zuständigkeitsvorschriften für Spezialgebiete (Polizei, Gemeinderecht usw.) sind nicht als Generalklauseln zu bezeichnen. In Preußen können z. B. Klagen bei den Verwaltungsgerichten gegen Verfügungen der Orts-, Kreis- und Landespolizeibehörden allgemein darauf gestützt werden, daß die Verfügung durch Nichtanwendung oder unrichtige Anwendung des bestehenden Rechts den Kläger in seinen Rechten verletze, oder darauf, daß die tatsächlichen Voraussetzungen nicht vorhanden seien, welche die Polizeibehörde zum Erlasse der Verfügung berechtigt haben würde. (§§ 127 ff. LandVerwGes.) In Bayern bestehen analoge allgemeine Zuständigkeitsvorschriften für das Recht der Selbstverwaltungskörper (Art. 10 Ziff. 1—3 VGG.). (Dyroff S. 266 c.)

Der Schutz der öffentlich-rechtlichen subjektiven Rechte ist gegenwärtig formell noch nicht so durchgebildet als der Schutz des Privatrechts, von welchem keinerlei Anspruch der Verfolgbarkeit auf dem Wege des Prozesses entbehrt. (Staatslexikon V S. 520.)

Die Gemeinden sind dauernd der Verwaltungs- und Rechtskontrolle unterstellt. Abgesehen davon, daß für sie die allgemeinen Gesetze, soweit nicht ausdrücklich Ausnahmen zugelassen sind, ebenso wie für jede andere Person oder Vereinigung gelten, unterliegen sie in ihrem eigenen Wirkungskreise fortgesetzt der Staatsaufsicht, im übertragenen der Sachaufsicht des Staates. Die Staatsaufsicht hat eine doppelte Aufgabe: Einmal darüber zu wachen, daß die Gemeinden nichts Gesetzwidriges tun, insbesondere nicht ihre Zuständigkeit überschreiten, und sodann darauf zu achten, daß die Gemeinden die ihnen gesetzlich auferlegten Pflichten erfüllen. Die Staatsaufsicht ist heute überall an feste gesetzliche Normen gebunden; alle Eingriffe der Behörde in die Kommunalverwaltung unter dem Gesichtspunkt der Aufsicht bedürfen eines besonderen Rechtstitels. (Schoen S. 255.) Der Inhalt der Sachaufsicht ist in Art. 50 Abs. I Nr. 2 GO., der Inhalt der Staatsaufsicht in Art. 60 und 61 GO. und in anderen Artikeln umschrieben. (Näher ausgeführt bei Woerner S. 401 ff.)

Das Selbstverwaltungsrecht der Gemeinde ist gegen Übergriffe der Staatsaufsicht geschützt. Gegen staatsaufsichtliche Verfügungen ist Oberaufsichtsbeschwerde zur nächst höheren Verwaltungsbehörde, zuletzt zum Ministerium des Innern zulässig, dem nach Art. 59 GO. die Leitung der Staatsaufsicht zukommt. Sowohl hinsichtlich der Rechts- wie der Zweckmäßigkeitsfragen kann hier die Nachprüfung der staatsaufsichtlichen Anordnungen herbeigeführt werden. Unter gewissen Voraussetzungen hat dann der Verwaltungsgerichtshof auf Anrufen der Gemeinde die Gesetzmäßigkeit einer staatsaufsichtlichen Anordnung zu prüfen. Die Bayer. VerfUrk. § 22 Abs. IV bestimmt hierüber: „Gegen Überschreitungen der Grenzen, die den Aufsichtsbehörden durch die Gesetze gezogen sind, haben die Gemeinden und Gemeindeverbände Anspruch auf verwaltungsrechtlichen Schutz." Der Verwaltungsgerichtshof ist nach Art. 10 Ziff. 2 VGG. ausdrücklich für zuständig erklärt worden zur Verbescheidung von Beschwerden gegen Beschlüsse und Verfügungen der Kreisregierungen, Kammer des Innern, falls die Gemeinde gegenüber einer Verfügung in Gegenständen der Staatsaufsicht über die Gemeinde behauptet, die Verfügung verletze ihr gesetzliches Selbstverwaltungsrecht oder belaste sie mit einer gesetzlich nicht begründeten Leistung. In der Gemeindeordnung ist die einschlägige Beschwerdeberechtigung in Art. 60 Abs. VI niedergelegt.

Gegen Entscheidungen der staatlichen Sachaufsicht ist der Schutz des Verwaltungsgerichthofes nicht zugestanden. (VGH. 2, 659; 3, 449; 21, 100; 41, 7. Woerner S. 78.) Streitigkeiten über die Frage, ob eine Angelegenheit in den eigenen oder den übertragenen Wirkungskreis der Gemeinde fällt, können von den Gemeinden dann an den Verwaltungsgerichtshof gebracht werden, wenn die Gemeinde nach GO. Art. 60 Abs. IV und Art. 10 Nr. 2 VGG. Beschwerde zum Verwaltungsgerichtshof mit der Begründung erhebt, daß nicht eine Angelegenheit des übertragenen, sondern des eigenen Wirkungskreises der Gemeinde vorliege und das Selbstverwaltungsrecht der Gemeinde verletzt wird. (Woerner S. 401, a. A. VGH. 24, 370.)

Macht die Gemeinde geltend, daß sie durch die Tätigkeit der Staatsaufsichtsbehörde in ihrem Rechte unter Verletzung der Verfassung geschädigt sei, so hat die Gemeinde nach Bayer. VerfUrk. § 93 noch das Recht der Verfassungsbeschwerde. Sie ist nur zulässig, wenn vorher ohne Erfolg beim Ministerium um Abhilfe nachgesucht worden oder der Rechtsweg erschöpft ist.

Die Verwaltung ist jetzt im Rechtsstaate eine gesetzmäßige. Die notwendige Übereinstimmung in der Geschäftsführung unterwirft die untergeordneten Behörden den Dienstanweisungen und der Beaufsichtigung der oberen Stellen. Diese sind berechtigt, Befehle an unterstehende Organe zu erlassen, sei es für den einzelnen Fall (Verfügungen) oder für eine unbestimmte Zahl gleichgearteter Fälle (Verwaltungsverordnungen, Instruktionen), und Dienstpflicht der Verwaltungsbeamten aller Kategorien und aller Stände ist es, den kompetenzmäßigen Weisungen der ihnen vorgesetzten Behörde zu folgen. In gleicher Weise unterliegt die Tätigkeit der einzelnen Verwaltungsorgane einer steten Kontrolle und Beaufsichtigung durch die Oberbehörden der Verwaltung selbst, welche sich in einer reich ausgebildeten Pflicht zur Berichterstattung und in Revisionen der gesamten Geschäftsführung sowohl nach der formellen als materiellen Seite äußert, überdies in dem Rechte, Verfügungen der unteren Organe aus Rücksichten des öffentlichen Interesses außer Wirksamkeit zu setzen oder direkte Anordnungen an Stelle säumiger Behörden zu treffen. (Staatslexikon V S. 518.)

Indirekte Kontrolle wird ausgeübt durch die Rechnungsbehörden, in politischer Richtung durch die Volksvertretung, in gegenständlicher Richtung mit Rücksicht auf die Rechtmäßigkeit der Verwaltungsrechtsakte durch die Gerichte (Zivil-, Straf- und Verwaltungsgerichte), welch letztere Kontrolle auch durch die zivil- und strafrechtliche Haftung der Verwaltungsbeamten für Verletzung ihrer Amtspflichten und Überschreitung ihrer amtlichen Befugnisse verwirklicht wird.

Anschütz (III S. 473) spricht den gleichen Gedanken wie folgt aus:

Die Kontrollen des Polizeiverwaltungsrechtes sind bestimmt, die Innehaltung der dem Polizeiverwaltungsrechte gezogenen Schranken zu sichern. Man unterscheidet nach der Verschiedenheit der zur Kontrolle berufenen Stellen zwischen Verwaltungs- und richterlicher Kontrolle; die durch die Verwaltungsgerichte ausgeübte Kontrolle gilt im Sinne dieser Unterscheidung als richterliche. Nach dem Zwecke und Umfange der Kontrolle unterscheidet man Rechts- und Zweckmäßigkeitskontrolle, nach der Stellung der kontrollierenden Instanzen zu der Polizeiverwaltung direkte und indirekte Kontrolle. Von einer indirekten Kontrolle spricht man, wenn die Gültigkeit einer Verordnung als Inzidentpunkt eines anderweiten Streitverfahrens erscheint. Die richterliche (vom ordentlichen wie vom Verwaltungsrichter ausgeübte) Kontrolle kann immer nur eine indirekte sein; sie muß sich ferner stets auf die Prüfung der Rechtsgültigkeit, nicht auf die der Zweckmäßigkeit der geprüften Polizeiverordnung beschränken. Sie ist Rechts-, nicht Zweckmäßigkeitskontrolle. Zur gerichtlichen Kontrolle der Polizeiverordnung kommt es, sobald auf ihrer Grundlage eine Strafe verhängt werden soll oder eine polizeiliche Verfügung erlassen ist und diese mit der Verwaltungsklage angefochten wird. Dann hat der Strafrichter bzw. Verwaltungsrichter die Verordnung hinsichtlich ihrer materiellen wie formellen Gesetzmäßigkeit zu prüfen und ihr, falls es dieser nach der einen oder anderen Richtung hin fehlt, die Anwendung im vorliegenden Falle zu versagen. Der formelle Fortbestand der bemängelten Verordnung wird durch eine solche richterliche Feststellung ihrer Gesetzwidrigkeit jedoch nicht berührt. (Schoen S. 263.)

Für ein rechtswidriges Verhalten — von der disziplinären Verantwortlichkeit, die das Verhältnis des Beamten zum Publikum nicht berührt, soll hier abgesehen werden — kann auch der einzelne Beamte haftbar gemacht werden. Das Verfahren kann entweder ein Strafverfahren sein, dessen Ziel die Verurteilung des Beamten zu einer öffentlichen Strafe ist, oder ein Zivilprozeß, welcher auf die Geltendmachung eines Entschädigungsanspruchs wegen vermögensrechtlicher Nachteile hinausgeht. Die Verfolgung des Beamten, namentlich der Verwaltungsbeamten, ist jedoch vielfach besonderen Beschränkungen unterworfen, so in Bayern nach VGG. vom 8. August 1878, neuer Fassung Art. 7, der Vorentscheidung (EG. GVG. § 11 Abs. 1) durch den Verwaltungsgerichtshof.

Die Minister werden durch die neueren Verfassungen einer besonderen Verantwortlichkeit unterworfen, zu deren Geltendmachung die Volksvertretung berufen ist. Man unterscheidet eine rechtliche und eine parlamentarische Verantwortlichkeit. Die Verfassungen der deutschen Einzelstaaten haben fast ausnahmslos das Prinzip der Ministerverantwortlichkeit ausgesprochen und den Landtagen die Befugnis zur Ministeranklage beigelegt. (Bayer. Ges., die Verantwortlichkeit der Minister betr., vom 4. Juni 1848.)

Im Deutschen Reiche ist nach der Reichsverfassung (Art. 17) der Reichskanzler der einzige Beamte, welcher eine den Ministern der Einzelstaaten analoge Stellung einnimmt und einer entsprechenden Verantwortlichkeit unterliegt.

IX. Polizeiliche Zwangsmittel.

Polizei ist heute nicht gleichzusetzen mit innerer Verwaltung, sondern sie ist diejenige Tätigkeit der Staatsgewalt auf dem Gebiete der inneren Verwaltung, die mit einem Zwang gegen Personen verbunden ist oder verbunden sein kann. (Stier-Somlo IV S. 520.) Polizei ist also eine staatliche Tätigkeit, die auf allen Gebieten der Verwaltung durch Gebote oder Verbote zur Anwendung kommen kann und sich durch Zwangsmittel und Strafen äußert. Nachdem die Wohlfahrtspolizei eine positiv auf die Förderung der Staatszwecke gerichtete Tätigkeit ist, sind Sicherheits- und Wohlfahrtspolizei begrifflich Gegensätze. (OVG. 9, 353; Peters, Verw.Arch. 29, 398; E. des Kompetenzkonfliktgerichtshofs vom 29. Mai 1920, preuß. MinBl. d. inn. Verw. S. 331.) Nach Anschütz (III S. 558) ist die Polizei eine Tätigkeit, welche durch ihren Inhalt und Zweck bestimmt wird, nicht durch ihre Form. Die Begriffe Zwang und Polizei, sagt er, decken sich nicht, schneiden sich vielmehr. Das Verhältnis der Begriffe Polizei und Zwang sei vielmehr dieses: Die Polizei ist befugt, Zwang (selbstverständlich nur in Gestalt der gesetzlich zulässigen Zwangsmittel) anzuwenden, soweit sie ohne solchen ihre Aufgabe nicht erfüllen kann.

Die Gesetzgebung denkt bei Polizei, sagt Schoen S. 266, an eine mit Zwang verbundene Tätigkeit; nur diese gesetzlich zu normieren und mit Rechtsschranken zu umgeben, habe Sinn und Bedeutung. Man hat die Polizei schlechthin als die mit Zwang verbundene Tätigkeit der Staatsgewalt auf dem Gebiete der inneren Verwaltung, oder ähnlich, jedenfalls als rein formellen Begriff definiert (Loening im VerwR., Rosin 131, Thoma 4 ff., 28). Mit der gleichen Begründung wie oben Anschütz lehnt Schoen diese Definition ab und führt weiter aus: Nicht zutreffend ist es aber auch, den Begriff auf die Richtung der Tätigkeit abzustellen: Die Errichtung von Uferschutzbauten und Feuerlöschanstalten zum Beispiel sind zweifellos Maßnahmen, die der Staat zur Gefahrenabwehr ergreift, und doch sieht man sie nicht als polizeiliche an, weil sie mit Beschränkung und Zwangsanwendung, den eigenartigen Begleiterscheinungen der polizeilichen Aktion, nicht verbunden sind. Er kommt zu nachstehender Begriffsbestimmung: Polizei ist die mit Zwang verbundene Staatstätigkeit auf dem Gebiete der inneren Verwaltung, welche auf die Abwehr von Störungen der öffentlichen Ordnung gerichtet ist (vgl. O. Mayer 1, S. 249). Diese Begriffsbestimmung gelte für alle deutschen Rechtsgebiete.

Zur Sicherung des verlangten polizeilichen Verhältnisses kann der Staat vermöge seiner Herrschermacht Zwang ausüben. Mittel dazu sind die allgemeinen Strafandrohungen und die öffentlich-rechtliche Zwangsvollstreckung. Das französische Recht (code pén. 471, 15) hat den Ungehorsam gegen behördliche Anordnungen schlechthin für ein strafbares Delikt erklärt. Die deutschen Gesetzgebungen kennen ein solches allgemeines Delikt des Ungehorsams gegen Verwaltungsverfügungen nicht. Sowohl die Einzelstaaten wie das Reich haben in ihren Gesetzen und Verordnungen nur Befehle und Verbote bestimmten Inhalts unter Strafsanktion gestellt, so daß der größte Teil der Verfügungen strafrechtlich ungeschützt ist. Allein Strafandrohungen und Bestrafungen der Ungehorsamen sichern auch nur unvollkommen die Herstellung des vom Staate gewollten Zustandes; völlig sichergestellt ist dieser nur, wenn der Staat unmittelbar die Ausführung seiner Befehle erzwingen kann. Obwohl sich in Deutschland gewohnheitsrechtlich schon seit dem Mittelalter die Rechtsauffassung entwickelt hat, daß die Befugnis, obrigkeitliche Anordnungen zu erlassen, das Recht einschließt, diese — nötigenfalls unter Anwendung von Zwang — in Vollzug zu setzen, ist nichtsdestoweniger in fast allen Staaten die Verwaltungsexekution in neuerer Zeit durch Gesetz geregelt, und es ist selbstverständlich, daß, wo dieses geschehen, die Behörden nur mit den gesetzlich vorgesehenen Mitteln und in den gesetzlich bestimmten Formen vollstrecken dürfen. (Schoen S. 269.)

Im obrigkeitlichen Verwaltungsbereich tritt der Staat der Rechtsphäre des einzelnen nicht mehr als gleichstehender, wenn auch mächtigerer Vertragsteil gegenüber, sondern als Staatsgewalt, welche Anspruch auf Gehorsam erhebt, und, wenn geboten, durch Zwang ein Tun oder Unterlassen nach bestimmten Richtungen herbeiführt. Staatsbegriff und Begriff der Persönlichkeit kommen hier in unmittelbare Berührung, nicht selten in Konflikt. (Staatslexikon V S. 513.) Der Staat hat die berechtigten wirtschaftlichen und geistigen Bestrebungen seiner Staatsbürger im Interesse der Allgemeinheit nach allen Richtungen von den sie bedrohenden Gefahren und von den für die individuelle Kraft unüberwindlichen Fesseln zu befreien. Objekt der polizeilichen Tätigkeit ist die Verhinderung, Gestattung oder Erzwingung von Handlungen bzw. Unterlassungen; sie beschränkt die natürliche Handlungsfreiheit des Einzelnen im Interesse der staatlichen Gesellschaft. (Staatslexikon V S. 515.) Gegenüber den Anforderungen der „Polizeimäßigkeit" müssen sogar die sogen. Grundrechte zurückweichen. Der Staatsbürger ist an sich frei in seiner persönlichen Bewegung und an sich frei in der Handhabung seines Eigentums. Er hat aber für die „Polizeimäßigkeit" sowohl seines Verhaltens wie seines Eigentums einzustehen. Hiebei kommt es auf ein „Verschulden" nicht an, vielmehr gilt das reine Veranlassungs- oder Verursachungsprinzip, wonach „wer Schaden tut, Schaden bessern muß", (Anschütz III S. 462), auch wenn er „nicht dafür gekonnt hat". (Hedemann Bd. 9 S. 318.)

Die Gefahrenabwehr der Polizei hat den Schutz des öffentlichen Rechts, der öffentlichen Sicherheit und der öffentlichen Ordnung zum Ziele. Öffentliche Ordnung, sagt Anschütz, dem wir im Nachfolgenden das Wort geben (III S. 460 f.), ist der Inbegriff der Normen, deren Befolgung nach den jeweils herrschenden ästhetischen und sozialen Anschauungen als Bedingung einer gedeihlichen Koexistenz aller mit allen, als Grundlage des Gemeinlebens gilt. Ordnungsmäßig ist, was nach dem Richtmaß dieser Anschauungen und Normen erlaubt ist oder doch noch geduldet werden kann, ordnungswidrig, was sich mit ihnen nicht verträgt. Es handelt sich hiebei um Normen, welche über die Gebote und Verbote der Rechtsordnung hinausgehen („Konventionalregeln" im Sinne Stammlers): Die öffentliche Ordnung in dem hier erörterten Sinne unterwirft den einzelnen noch anderen und weitergehenden Anforderungen als denen, die Recht und Gesetz, insbesondere die Strafgesetze, aufstellen. (Beispiele: Grobe Verletzung der bestehenden Anschauungen über Sitte und Anstand, Verbot des Konkubinats, Forderung auf Ausmerzung anstößiger Stellen aus Theaterstücken usw.)

Die Entscheidung darüber, was zu den „Grundlagen des Gemeinlebens" gehört, läßt sich weder allgemein formulieren, noch im einzelnen aufzählen. Die Entscheidung darüber kann und wird oftmals streitig und schwierig sein. Jedenfalls muß aber die Entscheidung nach einem objektiven Maßstabe erfolgen, darnach nämlich, was Sitte, was herrschende Anschauung ist. Diesen Anschauungen hat die Polizei sich anzupassen, nicht sie meistern zu wollen. Was weder das Gesetz noch der soziale Brauch mißbilligt, das zu verbieten, hat die Polizei kein Recht. Wohl zu beachten ist auch, daß die Anschauungen darüber, was die gute Ordnung fordert und verbietet, wechseln können und oft gewechselt haben, daß sie auch nach Ort und Gegend verschieden sein können. Es hat einmal eine Zeit gegeben, wo das Rauchen auf der Straße für ordnungswidrig, dagegen das Ablagern von Mist und stinkendem Unrat auf derselben Straße nicht für ordnungswidrig galt. Der Polizei ist in und mit der Entscheidung darüber, was ordnungsmäßig und was ordnungswidrig ist, eine faktisch sehr weitgehende Ermessensfreiheit eingeräumt, doch ist diese Freiheit keine schrankenlose. Ein Seitenstück zu dieser weiten und doch rechtlich begrenzten Kompetenz der Polizei, die öffentliche Ordnung aufrecht zu erhalten, bildet die Kompetenz des Richters, die vor ihn gebrachten Ansprüche darauf hin zu prüfen, ob sie in Einklang stehen mit Treu und Glauben, mit den guten Sitten, insbesondere mit der Verkehrssitte. (BGB. §§ 138, 157).

Eine Aufhebung oder Einengung der Rechtsmacht der einzelnen Personen durch die Staatsgewalt oder die ihr eingegliederten

Selbstverwaltungskörper darf im Rechtsstaate nur im Wege der generellen oder speziellen Delegation stattfinden. Den Inbegriff der Rechtstitel der Verwaltung, in den Rechtsbereich eines Privatrechtsubjektes einzugreifen, anders ausgedrückt, die Rechtsschranke der freien Tätigkeit der Verwaltungsorgane stellt das Verwaltungsrecht dar. Das Polizeirecht bezweckt die Tätigkeit der Polizei zum Schutze der Untertanen gegen willkürliche Eingriffe der Behörden mit gesetzlichen Schranken zu umgeben. (Seydel-Graßmann S. 218.)

Die frühere Polizeiallmacht ist also gefallen. Immerhin ist die neue Entwicklung noch nicht abgeschlossen. „Die Überwindung des Polizeistaates durch den Rechtsstaat ist eine Aufgabe, die auch heute noch nicht vollendet ist." (Polit. Handwörterbuch, 2. Bd. Leipzig 1923 S. 335, K. Wolzendorff, Die Grenzen der Polizeigewalt, 2 Teile, Marburg 1905/06; O. Mayer, Deutsches Verw.Recht Bd. 1, 2. Aufl., München und Leipzig 1914.)

Wie jede andere, so ist auch die polizeiliche Verwaltungstätigkeit im Rechtsstaate eine rechtlich beschränkte Tätigkeit. Lediglich innerhalb der Schranken des bestehenden Rechts, wie es zutage tritt, in Gesetzen, rechtsgültigen Verordnungen, autonomischen Satzungen, gewohnheitsrechtlichen Normen, kann die Polizei ihrem Daseinszwecke, dem Schutz der öffentlichen Sicherheit und Ordnung, nachleben. Es gilt auch, und gerade für die Polizei, der rechtsstaatliche Grundsatz der gesetzmäßigen Verwaltung. Wie alle Verwaltung im modernen Rechtsstaate, so darf auch die Polizei nicht alles fordern, was ihr das Gesetz (d. h. das objektive Recht) nicht verbietet zu fordern, sondern sie darf nur fordern, was das Gesetz ihr zu fordern erlaubt. Was kein Gesetz verbietet, ist ohne weiteres erlaubt. (Anschütz III S. 470.) Die erlaubenden Normen sind objektives, öffentliches Recht, welches durch Vereinbarungen zwischen Behörden und Partei nicht geändert werden kann. Die fehlende gesetzliche Grundlage eines Verwaltungsaktes kann niemals ersetzt werden durch Einwilligung des Betroffenen. Die abweichende Meinung Otto Mayers (DVerwR. 1, 98, 304) und Fleiners (Instit. 153) steht nach Anschütz (III S. 469) im Widerspruch mit dem Grundcharakter des öffentlichen Rechts. Richtig: OVerwGerEntsch. 24, 378.

Kneuer (S. 117) bezeichnet die öffentliche Gewalt in ihrem „natürlichen Verhältnis" zu den gewaltunterworfenen Untertanen unbeschränkt. Erst im Verfassungs- und Rechtsstaate habe sie sich „selbst" bestimmte Schranken gesetzt. Soweit dieses nicht geschehen sei, sei sie nach wie vor unbeschränkt. Die eigentliche „letzte" Grundlage der Polizeigewalt liege somit in dieser ursprünglichen Unbeschränktheit der öffentlichen Gewalt, nicht etwa in den einzelnen, ihre Anwendung gestattenden Rechtssätzen. Diese stellen vielmehr nur den ursprünglichen natürlichen Zustand wieder her. In logischer Fortführung dieses Gedankengangs sagt Kneuer (S. 118) weiter: Eine Einschränkung der obrigkeitlichen Zwangsgewalt der Polizei besteht nur insoweit, als sich die öffentliche Gewalt selbst durch Gesetzgebung in ihrem Befehlsrecht oder in den Mitteln der Gewaltanwendung ausdrücklich beschränkt hat. Dieses sei allerdings im Rechtsstaate im weitesten Maße geschehen. — Der Anschauung Kneuer kann aus oben dargelegten Erwägungen nur mit Vorbehalt beigetreten werden.

Die staatliche Befehls- und Zwangsgewalt hat ihren Niederschlag insbesondere (für Bayern) im PStGB. vom 26. Dezember 1871 nebst Änderungen gefunden.

Die drei Machtmittel der Polizei sind: Die Verordnungsbefugnis, die Strafverfügungsbefugnis und die Zwangsbefugnis bei Ungehorsam. Die Zwangsmittel, um die polizeilichen Anordnungen durchzusetzen, sind hauptsächlich: Geldstrafe, Haftstrafe, Einziehung, Unbrauchbarmachung, Ersatzvornahme, unmittelbare Gewaltanwendung.

Die geltenden Vorschriften über den Verwaltungszwang unterscheiden überall die Vollstreckung von Verfügungen, welche einen Befehl zur Zahlung von Geldbeträgen aus öffentlich-rechtlichen Verpflichtungsgründen enthalten (Steuern, Gebühren, Kosten für Ersatzvornahme und Ungehorsamsstrafen) und die Verfügungen, welche andere Handlungen oder Unterlassungen anordnen. Die Vollstreckung der erstgenannten Verfügungen ist Zwangsvollstreckung in das Vermögen. Das Verfahren, in dem diese Zwangsbeitreibung stattfindet, ist überall nach den Grundsätzen der ZPO. §§ 803 ff. geordnet. (Bayer. AusfGes. z. ZPO. vom 26. Juni 1899 Art. 4 ff.; preuß. VO. vom $\frac{\text{15. Nov. 1899}}{\text{18. März 1904}}$; Württ. Ges. vom 18. Aug. 1879; Bad. Ges. vom 12. April 1899; Sächs. Ges. vom 18. Juli 1902; Hess. Ges. vom 2. Febr. 1881.)

Hinsichtlich der Vollstreckung von anderen Verfügungen sind (anders nach sächs. Rechte, Ges. vom 28. Jan. 1835 § 2) die Zwangsmittel und deren Anwendung gesetzlich bestimmt; so in Preußen (LGB. §§ 132 ff.; V. vom 26. Dez. 1808; s. Verw.Arch. 1, 464), Bayern (PStGB. Art. 16, 20, 21), Württemberg (Ges. vom 12. Aug. 1879 Art. 2, 5, 11; Baden (PStGB. §§ 30, 31) usw. Als Zwangsmittel werden hier in großer Übereinstimmung drei genannt: Ersatzvornahme, Exekutiv- oder Ungehorsamsstrafe, unmittelbare Gewaltanwendung.

Auf Einzelheiten soll hier nicht eingegangen werden; zur Illustrierung sei insbesondere hingewiesen auf die hier einschlägige übersichtliche Stoffbehandlung im „Leitfaden des Bayer. Polizeirechts" von E. Dollacker, München 1924, und auf Dr. H. Kneuer, Kurzes Handbuch des Bayer. VerwRechtes, A. Allgemeiner Teil, Leipzig 1928, hier insbesondere S. 135 ff., u. a. (Polizeiliche Zwangsgestellung Art. 102 Abs. I AusfGes. z. StPO.; vorläufige

Festnahme (Bayer. VO. vom $\frac{26.\text{ Jan. }1923)}{18.\text{ Febr. }1924)}$; Zulässigkeit der Polizeiaufsicht (§ 38 PStGB.); Anweisung eines bestimmten Aufenthaltsortes (Ges. z. Schutze der Republik vom 21. Juli 1922 § 1); Ausweisung (Bayer. AufenthGes. vom 21. Aug. 1914 Art. 3 Ziff. 5 und 6); vorläufiges Einschreiten (Art. 20 PStGB.); Polizeizwang (Art. 16, 20, 21, 22 PStGB.) usw.

Die Verwaltungsbehörden haben also nicht nur das Recht der Entscheidung und der Verfügung, sondern auch die Befugnis, ihre Maßregeln mit Anwendung von Zwangsmitteln durchzusetzen (Verwaltungsexekution). Die Exekutivbefugnis zeigt sich insbesondere in dem Zwangsrecht der Polizeibehörden. Als äußerstes Zwangsmittel ist die Waffengewalt gegeben. Sie steht nur dem polizeilichen Exekutivbeamten, dem Gendarmeriekorps und außerdem etwa noch den Forst- und Grenzbeamten, sowie dem für polizeiliche Zwecke requirierten Militär unter bestimmten Voraussetzungen zu. (Mayer S. 809.)

Die Ersatzvornahme ist die Ausführung des Inhalts eines Befehls durch die Behörde selbst oder einen von ihr beauftragten Dritten an Stelle des sich weigernden Pflichtigen. Die durch die Ersatzvornahme entstandenen Kosten hat der Pflichtige dem Staate zu ersetzen, der sie eventl. zwangsweise von ihm eintreibt.

Die Exekutiv- oder Ungehorsamsstrafe ist ein indirektes Zwangsmittel: Durch Androhung der Zufügung von Rechtsnachteilen soll der Betroffene bewegt werden, befehlsgemäße Handlungen vorzunehmen oder zu unterlassen. Sie will nicht wie die Kriminalstrafe strafen, weil gefehlt ist, sondern damit nicht weiter gefehlt wird. (Schoen, Enzykl. d. Rechtswissenschaft, 7. der Neubearbeitung 2. Aufl., Bd. IV S. 270.) Sie ist materiell Verwaltungsmaßregel, nicht Strafrechtspflege; daher finden weder die allgemeinen Bestimmungen des RStGB., noch des Strafprozeßrechtes auf sie Anwendung. Die Exekutivstrafe kann wegen des nämlichen Ungehorsams, wenn er trotz ihrer Verhängung fortdauert, beliebig wiederholt werden, bis der Ungehorsam gebrochen oder die Erfüllung des Befehls unmöglich geworden ist. (Schoen S. 270; Riedel-Sutner, Komm. 7. Aufl. 1907 S. 72f.) Die Umwandlung einer Ungehorsamsstrafe in Haftstrafe ist darum unzulässig. (Seydel-Graßmann S. 222 Anm. 32.)

Die unmittelbare Gewaltanwendung ist gewaltsame Handanlegung an die Person oder Vermögensstücke des zu Zwingenden, wie z. B. Schließung eines nicht genehmigten genehmigungspflichtigen Gewerbebetriebs, Vorführung von Kindern zur Impfung, zum Schulunterrichte. Sie darf nur stattfinden, wenn andere Zwangsmittel vergeblich versucht oder der Natur der Sache nach nicht anwendbar sind. Welche Zwangsmaßregeln im einzelnen Falle anzuwenden sind, hat, soweit keine gesetzliche Bindung besteht, die Vollstreckungsbehörde nach freiem Ermessen zu bestimmen.

Der Verwaltungszwang braucht nicht durchaus in Anlehnung an eine Verfügung aufzutreten, er kann vielmehr auch außerhalb des Vollstreckungsverfahrens in Form unmittelbarer Gewaltanwendung als selbständige Maßregel vorkommen. Wenn ein Betrunkener die Nachtruhe stört, bei Hundesperre ein Hund auf der Straße ohne Maulkorb herumläuft, wenn eine Feuersbrunst zu löschen, einer Wassernot zu wehren ist, so muß die Verwaltung sofort mit Gewaltanwendung vorgehen und kann nicht erst den Weg der Verfügung beschreiten. Die Polizei gilt herkömmlich für befugt, auch wenn keine ausdrückliche gesetzliche Ermächtigung zu einer solchen Gewaltanwendung vorliegt, sofort mit Zwang vorzugehen, wenn nach Lage der Verhältnisse dieses summarische Verfahren als selbstverständlich und allein geeignet erscheint, den Verwaltungszweck zu realisieren. Man spricht hier gewöhnlich von öffentlichen Notständen und polizeilichem Notstandsrechte. Selbstverständlich ist auch, daß die Verwaltung da sofort mit Gewalt vorgehen darf, wo die Voraussetzungen der Notwehr gegeben sind (siehe auch Seydel StR. 3, 5), d. h. ein rechtswidriger Angriff auf die öffentliche Ordnung, also eine strafbare Handlung abzuwehren ist (Bayer. AusfGes. z. StPO. Art. 102) und ebenso bei der Selbstverteidigung, d. h. Zurückweisung störender Eingriffe in den Betrieb der Verwaltung und die in ihrem Dienste stehenden Sachen. (Schoen S. 272.)

Soweit das Verwaltungsrecht unter Strafschutz gestellt ist, ist der Verwaltungsrechtsweg ausgeschlossen. Artikel 13 Ziff. 1 VGG. sagt ausdrücklich, daß die Zuständigkeit des Verwaltungsgerichtshofes sich nicht auf Rechtssachen erstreckt, die vor die Strafgerichte gehören. Darunter zählen „vor allem alle jene Fälle, in welchen die Nichtbeachtung öffentlich-rechtlicher Gebote oder Verbote direkt vom Gesetz unter Fixierung des Tatbestandes mit einer vom Richter zu erkennenden Strafe bedroht ist."

Verfügungen, für die gesetzlich eine Form vorgeschrieben ist (so Schriftlichkeit: GewO. §§ 18, 91 b Abs. 1, 105 f Abs. 2, 138 a Abs. 3, 139 Abs. 3; Vereinsgesetz § 7 Abs. 2 u. a.) müssen diese einhalten. Ist aber, wie regelmäßig, eine Form, insbesondere auch die Schriftlichkeit nicht vorgeschrieben, so genügt formlose mündliche Erklärung (Laband StR. 2 [5], 196; Loening S. 241; A. M. O. Mayer, 1, S. 280; Fleiner S. 171), die nicht selten das gegebene ist (Auflösung einer öffentlichen Versammlung, Aufforderung an eine versammelte Menschenmenge, auseinanderzugehen (RStGB. § 116), und auch Erklärung durch konkludente Handlungen (Stillschweigende Genehmigungen).

Die polizeiliche Strafverfügung ist zwar nicht in Bayern, wohl aber in Preußen, Baden, Sachsen und Württemberg eingeführt. Begrifflich ist sie die Festsetzung einer öffentlichen Strafe durch ein Polizeiorgan wegen einer Übertretung, unter Vorbehalt des Rechtswegs, wenn auch die Aufsichtsbeschwerde an die höhere Polizeibehörde gesetzlich zulässig bleibt. Das Kennzeichnende ist hier die Verbindung der Verwaltung mit der Justiz. Lediglich aus Zweckmäßigkeitsgründen wird in sogen. Bagatellsachen so verfahren. Die reichsrechtliche Grundlage ist die RStPO. in den §§ 414 ff. (früher §§ 453 ff.) und § 6 Nr. 3 EG. z. StPO. Die gesetzliche Grundlage für Preußen bildet das Ges. betr. den Erlaß polizeilicher Strafverfügungen gegen Übertretungen vom 23. April 1883 (GS. 65) mit Nachtragsänderungen. (Stier-Somlo S. 527.)

Zu Polizeizwecken kann endlich auch die bewaffnete Macht in Anspruch genommen werden. Die näheren Bedingungen der Hilfeleistung sind in § 17 des Wehrgesetzes vom 23. März 1921 (RGBl. S. 329) enthalten. Für Bayern sei hingewiesen auf das Ges. vom 4. Mai 1851, das Einschreiten der bewaffneten Macht zur Erhaltung der gesetzlichen Ordnung (GBl. S. 9) in der Fassung des Ges. vom 26. Juni 1899 (GVBl. S. 402). Eine Befugnis der Gemeinden zum Aufgebote der bewaffneten Macht besteht in Bayern nicht, sie ist beschränkt auf das Staatsmin. d. J., die Regierungspräsidenten, die Kreisregierungen, K. d. J., die Polizeidirektionen, die Bezirksämter und in den kreisunmittelbaren Städten auf die Stadtkommissare. Bei Verhängung des Ausnahmezustandes sind besondere Beauftragte der Regierung (Staatskommissare) mit der Aufrechterhaltung der öffentlichen Ordnung und Sicherheit betraut. (Art. 48, 48 Abs. IV RV., §§ 64, 88 Bayer. VerfUrk.)

X. Kosten der Polizeiverwaltung.

Diese Frage beantwortet die Bayer. GO. vom 17. Okt. 1927 mit voller — in der GO. nicht immer vorhandener — Eindeutigkeit: Die Kosten der Polizeiverwaltung sind eine finanzielle Last der Gemeinden. Alle insbesondere im Interesse des Stadtzentralismus mit Nachdruck vertretenen — aber fast durchwegs ebenso bestrittenen — Theorien: Die Ortspolizei gehört nur dem übertragenen Wirkungskreise an; — in Angelegenheiten des übertragenen Wirkungskreises gibt es kein Selbstverwaltungsrecht; — die Gemeinden sind hier nichts anderes als Vollzugsorgane des Staates und seinen allgemeinen und besonderen Weisungen ebenso unterworfen, wie wenn sie Staatsbehörden wären; — der Staat kann der Gemeinde das Recht der Polizeiverwaltung in gleicher Weise entziehen, wie die übergeordnete der untergeordneten staatlichen Behörde; — es handle sich bei der Ortspolizei um Angelegenheiten des Staates, die nur aus Zweckmäßigkeitsgründen den Gemeinden übertragen sind (Woerner S. 76, 402, 399); alle diese Einwendungen der Rechtslehre und der Rechtsprechung gegen die Orts- bzw. Bezirkspolizei (kreisunmittelbare Städte) finden bei der Behandlung der Kostenfrage keineswegs ihre logische Auswirkung. „Es ist ganz unrichtig" — von einer Begründung wird abgesehen — „daraus, daß die Polizeiverwaltung zu den Aufgaben des übertragenen Wirkungskreises gehört, ableiten zu wollen, daß die Kosten der Polizeiverwaltung vom Staate getragen werden." (Finanzminister Dr. Krausneck in AB. I 454, Staatsminister Dr. Stützel in AB. I 455, Woerner S. 419.) Es wird zugegeben, daß, würde in Sachen der Polizeiverwaltung nicht die Gemeinde eingeschaltet, der Staat eine sehr große Zahl weiterer staatlicher Verwaltungsbehörden schaffen müßte, die unter den Bezirksämtern stehen. „Dieses Verfahren wäre höchst unzweckmäßig, weil es sehr kostspielig wäre . . ." (Woerner S. 400.) Der Logik der Gerechtigkeit und der Billigkeit würde es entsprechen, daß die Gemeinden, wenn sich der Staat schon „sehr kostspielige" Unterbehörden ersparen will und die Gemeinden einschaltet, nicht mit dem gesamten Aufwand für die Kosten der Ortspolizei (Art. 51 Abs. IV GO.) belastet würden und daß insbesondere auch die kreisunmittelbaren Gemeinden, die neben der Ortspolizei noch mit der vollen Bezirkspolizei belastet sind, (Art. 54 Abs. II GO.), schlüsselmäßig einen anderen Zuschuß fänden als in Art. 55 Abs. V GO. vorgesehen ist. Nachdem die Kosten der staatlichen Polizeibehörde und ihrer Verwaltung im Großteil den Staat treffen (Art. 55 Abs. IV GO.) und die Staatsregierung befugt ist, die Sicherheitspolizei in den kreisunmittelbaren Städten ganz oder teilweise staatlichen Behörden zu übertragen (Art. 55 Abs. I GO.), ist die Zeit nicht mehr ferne, wo neben den Polizeidirektionen München und Nürnberg-Fürth auch in Bayern zahlreiche weitere Polizeidirektionen oder staatliche Polizeiämter erstehen werden. (Mit der unmittelbaren Stadt Augsburg schweben bereits diesbezügliche Verhandlungen. Die Presse [MNN. Nr. 275/1928] meldete, daß Staatsminister des Innern Dr. Stützel am 5. Okt. in Augsburg war, um mit der lokalen Behörde Vorbesprechungen betr. die Verstaatlichung der Polizei zu führen.)[1]) Die Finanzlage der Bayer. Gemeinden ist unter den Auswirkungen des Finanzausgleichsgesetzes, insbesondere infolge der starken finanziellen Zurückhaltung, die der Bayer. Staat gegenüber den Gemeinden übt (Neufassung des Finanzausgleichsgesetzes vom 27. April 1926 [RGBl. I S. 203], nebst Nachträgen, so Gesetz zur Übergangsregelung des Finanzausgleichsgesetzes vom 9. April 1927 [RGBl. I S. 91); für Bayern einschlägig: VollzGes. zum Finanzausgleichs-Ges. vom 28. April 1924 [GVBl. S. 156] und VollzugsGes. zum FinanzausgleichsGes. vom 29. Juli 1927 [GVBl. S. 283]) geradezu katastrophal. „Besonders die reichs- und landesrechtlichen Regelungen im Jahre 1927 haben in den Gemeinden größte Enttäuschung hervorrufen und die gemeindlichen Haushalte fast durchwegs zu großen Defiziten geführt. Wie die Gemeindebudgets wieder in Ordnung gebracht werden sollen, ist eine der schwersten Fragen, deren Lösung der nächsten Zukunft vorbehalten ist." (Stenger, Der Finanzausgleich zwischen Reich, Bayern und den Bayer. Gemeinden, Bezirken und Kreisen, Ausg. 1928, Bayer. Kommunalschriftenverlag G. m. b. H., München.) Notgedrungen müssen die Gemeinden darum ihre eigene Selbständigkeit zur Abbröckelung bringen u. u. a. auch den Weg des Art. 55 GO. anregen, eine Entwicklung, die der Staatsomnipotenz nicht unerwünscht sein wird. Die ungünstige Verschiebung der Aufgabenbereiche zwischen Reich und Ländern zeigt sich analog hier im Verhältnis von Land und Gemeinde: Der Zug der Zeit drängt zur Zentralisation. (Vgl. Denkschrift des „Bundes zur Erneuerung des Reiches", kurz „Lutherbund" genannt.)

Die neue Entwicklung, die Bayern aus föderalistischen Gründen gegenüber dem Reiche ablehnt, geht der Bayerische Staat namentlich unter dem Ministerium Dr. Stützel nur zu gern gegenüber den Gemeinden, namentlich auf polizeilichem Gebiete. Auch in Bayern werden nicht zu ferne Zeiten an Stelle der kommunalen Polizei nach dem — sonst so heftig abgelehnten — Vorbilde Preußens das staatliche Polizeimonopol erwachsen sehen.

Die Ausübung der ortspolizeilichen Tätigkeit in ihren verschiedenen Zweigen fällt in den übertragenen Wirkungskreis der Gemeinden und ist damit nach der herrschenden Lehre dem Bereiche der gemeindlichen Selbstverwaltung „entzogen". Da-

[1]) Inzwischen ist dem Landtag von den Staatsministerien des Innern und der Finanzen der Entwurf einer Verordnung zugegangen, wonach die Polizei in den Städten Augsburg, Würzburg, Regensburg und Hof vom 1. April 1929 an verstaatlicht werden soll.

gegen gehört die Verpflichtung zur Tragung der Kosten des Polizeipersonals, der Herstellung und ordnungsmäßigen Unterhaltung der für die Ortspolizei erforderlichen Anstalten und Einrichtungen sowie der Aufwand, der durch die ortspolizeiliche Tätigkeit sonst entsteht (Woerner S. 419) — die Aufnahme der einschlägigen Verpflichtungen nach Art. 51 Abs. IV und VI GO. in den Abschnitt über die Staatsverwaltung, also über den übertragenen Wirkungskreis ist lediglich wegen des sachlichen Zusammenhangs mit den übrigen polizeilichen Fragen erfolgt — voll zum eigenen Wirkungskreise der Gemeinde und untersteht dem gemeindlichen „Selbstverwaltungsrecht". Über die Schaffung der polizeilichen Anstalten und Einrichtungen kann also die Gemeinde kraft ihres Selbstverwaltungsrechtes frei verfügen, wenn sie nur die in Art. 51 Abs. IV und VI GO. enthaltenen Verpflichtungen erfüllt. (Woerner S. 75; VGH. 40, 63; 41, 10; 44, 43.)

Sämtliche Gemeinden, also sowohl die mittelbaren wie die kreisunmittelbaren Gemeinden haben die Kosten der Ortspolizei nach Art. 51 Abs. IV GO. restlos selbst zu tragen. Hinsichtlich der kreisunmittelbaren Gemeinden bestimmt Art. 54 Abs. V GO., daß sie auch die Kosten der Bezirkspolizei zu tragen und die dazu erforderlichen Einrichtungen zu treffen haben. Sie erhalten hierzu Zuschüsse, deren Höhe jeweils im Staatshaushalt bestimmt wird. Diese Zuschüsse müssen nach der Bayer. VerfUrk. Art. 79 Abs. III in den Staatshaushalt eingestellt werden. Dagegen steht die Höhe der Zuschüsse im Ermessen des Staates; sie wird durch den Landtag bei der Beschlußfassung über den Entwurf des Staatshaushalts bestimmt (Kahr 1, 824). Im Staatshaushalt für die Rechnungsjahre 1927 und 1928 ist — für das ganze Land — je ein Zuschuß von 450000 RM. — enthalten. (Woerner S. 433.) Der bewilligte Zuschuß ist zur Deckung der Kosten der Bezirkspolizei durchaus unzureichend. Die stets wiederholten Versuche der unmittelbaren Städte, eine Erhöhung der durchaus ungenügenden Zuschußquote zu erhalten, ein Bestreben, dem sich auch der Bayerische Städtebund wiederholt und mit Nachdruck angeschlossen hat, blieben bisher erfolglos, zumal hier die Gemeinden auch im Landtag keinen nachdrücklichen Vertreter ihrer gerechten Forderung zu finden vermögen.

Sind staatliche Polizeibehörden eingerichtet, so trifft (vorbehaltlich des Gesetzes über Leistungen der Gemeinden für die staatliche Polizeiverwaltung vom 22. Nov. 1923 (GVBl. S. 377) in der Fassung des Art. 154 der neuen Gemeindeordnung vom 17. Okt. 1927) den Staat die Kostenpflicht, obwohl sonst die Kosten der Ortspolizei allgemein (Art. 51 Abs. IV GO.) und die Kosten der Bezirkspolizei (abgesehen von den unzureichenden Zuschüssen) von den Gemeinden zu tragen sind.

Gemeinden, in denen die Polizei auf Grund des Art. 55 durch staatliche Polizeibehörden ausgeübt wird, sind verpflichtet, zu den

Kosten der staatlichen Polizeiverwaltung einen jährlichen Beitrag zu leisten. Der Beitrag beträgt die Hälfte des gesamten persönlichen und sachlichen Aufwandes, der dem Staate in dem betreffenden Jahre durch die Ausübung der Polizei in der Gemeinde erwachsen ist. Er wird durch das Staatsministerium des Innern im Benehmen mit dem Staatsministerium der Finanzen festgelegt (Art. 1 des Ges. vom 22. Nov. 1923).

Wird in einer Gemeinde vorübergehend gemäß Art. 52 der GO. die Polizeigewalt ganz oder teilweise durch staatliche Beamte ausgeübt, so tritt eine Beitragsverpflichtung der Gemeinde zu den Aufwendungen des Staates für die Tätigkeit seiner Beamten nur insoweit ein, als mit diesen Aufwendungen eine finanzielle Entlastung der Gemeinde verbunden ist. (Art. 7 obigen Ges.)

In Preußen finden sich die einschlägigen landesrechtlichen Vorschriften im Polizeikostengesetz vom 3. Juni 1908 (GS. S. 149) in der Fassung des Ges. vom 6. Nov. 1924 (GS. S. 227). Man unterscheidet zwischen unmittelbaren und mittelbaren Kosten der Polizeiverwaltung. Unmittelbare Kosten der Polizeiverwaltung sind die Kosten, welche durch die Tätigkeit der Behörde entstehen, also hauptsächlich die Beschaffung des Personals, der Räume und aller Bürobedürfnisse. Diese werden, soweit staatliche Polizei gegeben ist, in Preußen gemäß Polizeiverwaltungsgesetz vom 11. März 1850 (GS. S. 265), bzw. PolKostenGes. vom 3. Juni 1908 vom Staate getragen. Die Kosten der Erfüllung materieller Aufgaben, deren Pflege der Obhut der Polizei untersteht, bezeichnet man als mittelbare Kosten. Als Beispiele seien angeführt: Die Reinigung und Kanalisation der Straßen, deren Beleuchtung und Bezeichnung mit Straßenschildern, das Nachtwachewesen, die Abdeckerei, die Zwangsheilung geschlechtskranker Personen, die Armenpflege, das Auflaufschadengesetz, die Friedhöfe, die Überführung gemeingefährlicher Geisteskranker in eine Anstalt, die Impfkosten u. a. Als verpflichtende Gesetze seien genannt das RG., betr. die Bekämpfung gemeingefährlicher Krankheiten vom 30. Juni 1900 (RGBl. S. 306) §§ 14, 37; das Reichsviehseuchengesetz vom 26. Juni 1909 (RGBl. S. 519) § 2, das Reichsgesetz betr. die Schlachtvieh- und Fleischbeschau vom 3. Juni 1900 (RGBl. S. 547) und anderes.

In den Gemeinden, in welchen die Ortspolizeiverwaltung ganz oder teilweise von einer staatlichen Behörde geführt wird, bestreitet in Preußen der Staat alle durch diese Verwaltung, insbesondere durch die Verwendung staatlicher Polizeibeamter unmittelbar entstehenden Kosten. (PolKostenGes. § 1.) Grundsätzlich trägt also der Staat die Kosten der Landespolizei. Zur Ausführung landespolizeilicher Aufgaben werden auch die Ortspolizeibehörden mehrfach in Anspruch genommen. Handelt es sich dabei um Aufgaben des untergeordneten Aufgabenkreises, so haben die Träger der Ortspolizei die Kosten zu tragen. (Preuß. OVG. 63, 83.) Die Gemeinden tragen zu den Kosten ein Drittel bei und nehmen an den Einnahmen zu einem Drittel teil. Die Beteiligung der Gemeinden an den Polizeikosten und Einnahmen richtet sich nach dem ortspolizeilichen Bedarf. Die unmittelbaren Kosten der örtlichen Polizeiverwaltung sowie sonstige besondere Ausgaben im Interesse der örtlichen Polizeiverwaltung trägt die Gemeinde. (Nach Stier-Somlo S. 526/27.)

Als Ortspolizeikosten führt das Handbuch des kommunalen Verfassungs- und Verwaltungsrechts in Preußen II 1 Artikel „Die Polizeikosten" auf: Die Beschaffung und Unterhaltung der polizeilichen Gefängnisse nebst Lazaretten einschließlich Unterhaltung, Verpflegung und Teilung der in diese aufgenommene Personen (außer den Kosten der Beerdigung, die der Ortsarmenverband trägt), Schaffung und Unterhaltung der für Feuerlöschzwecke nötigen Einrichtungen und Veranstaltungen, insbesondere die Wasserlieferung usw. Über Ortspolizeikosten s. auch BlAdmPr. 22 S. 365.

Zu den mittelbaren Polizeikosten zählen auch die Kosten der Ausführung durch einen Dritten und bei unmittelbarem Zwang. Wenn der Verursacher eines polizeiwidrigen Zustandes nicht zu ermitteln oder die in polizeiwidrigen Zustand geratene Sache herrenlos oder den verantwortlichen Personen — Urheber, Eigentümer — die Herstellung des polizeimäßigen Zustandes unmöglich ist, muß die Polizei selbsttätig für die Beseitigung der Polizeiwidrigkeit Sorge tragen. Die entstehenden Kosten (sogen. mittelbare Polizeikosten) fallen in der Regel der Gemeinde zur Last. Soweit — in Preußen — landespolizeiliche Anordnungen auf Erfordern der Behörde, welche sie erlassen hat, von der Ortspolizeibehörde zur Durchführung gebracht (vollstreckt) werden, sind die dadurch entstehenden Kosten, soweit sie nicht einem Dritten auferlegt werden können, Landes-, nicht Ortspolizeikosten, deren Tragung nicht der Gemeinde, sondern dem Staate obliegt. (Anschütz III S. 464; vgl. Thoma, Polizeibefehl S. 154; Friedrichs, Das Polizeigesetz S. 61, Nr. 8 und die dort zitierte Entsch. des OVerwGer. 49, 288 ff.)

Die bayerische Denkschrift „Material zur Verfassungsreform" vom November 1928 enthält Forderungen, die sich auf zahlreiche Bestimmungen der Weimarer Reichsverfassung beziehen und u. a. nachstehende Gebiete betreffen: Die verfassungsmäßige Sicherung der Länder in ihrem staatlichen Bestand, ihrem Gebiet und ihren erweiterten Rechten — die Erhaltung und Festigung ihrer kulturellen und wirtschaftlichen Selbständigkeit — die Sicherung der finanziellen Leistungsfähigkeit der Länder.

Die bayerischen Gemeinden stehen heute gegenüber dem Staate ebenfalls unter hartem Drucke. Wird der Staat m. m. auch gegenüber den Gemeinden vorstehenden Forderungen gerecht, so ist damit die wesentlichste Voraussetzung für einen starken Staat gegeben. Nur auf dem Boden einer gesunden Gemeindefreiheit kann ein gesunder Staat erblühen. Videant consules!

FSC
www.fsc.org
MIX
Papier | Fördert gute Waldnutzung
FSC® C083411

Kolibri 360 GmbH
Ferdinand-Jühlke-Straße 7
99095 Erfurt, Deutschland
produktsicherheit@kolibri360.de